Alexander Graf

Mütze, Band und Braunhemd

Alexander Graf

Mütze, Band und Braunhemd – Marburger Studentenverbindungen und der Nationalsozialistische Studentenbund während der Weimarer Republik

Tectum Verlag

Alexander Graf

Mütze, Band und Braunhemd - Marburger Studentenverbindungen
und der Nationalsozialistische Studentenbund
während der Weimarer Republik

ISBN: 978-3-8288-2860-5

Druck und Bindung: CPI buchbücher.de, Birkach
Printed in Germany

Besuchen Sie uns im Internet
www.tectum-verlag.de

Bibliografische Informationen der Deutschen Nationalbibliothek
Die Deutsche Nationalbibliothek verzeichnet diese Publikation in der Deutschen Nationalbibliografie; detaillierte bibliografische Angaben sind im Internet über http://dnb.ddb.de abrufbar.

Inhalt

Einleitung

Der Aufstieg der NSDAP, der es innerhalb von 13 Jahren gelang, zur stärksten Partei Deutschlands zu werden, wird noch übertroffen von der „Erfolgsgeschichte" ihres hochschulpolitischen Ablegers, des Nationalsozialistischen Deutschen Studentenbundes (NSDStB). Diesem gelang es zwischen 1926 und 1931, die Macht innerhalb der Deutschen Studentenschaft (DSt), der berufsständischen Vertretung der Universitätsschüler, zu erringen. Wohlgemerkt noch vor der so genannten „Machtergreifung" am 30. Januar 1933 war der akademische Nachwuchs unter nationalsozialistische Kontrolle geraten. Die Studentenschaft der Weimarer Republik hatte durch ihr Votum zugunsten des Nationalsozialismus Demokratie und Parlamentarismus eine Absage erteilt. Die studentischen Verbindungen, denen die Mehrheit der männlichen Immatrikulierten angehörte und die sich durch ihren Nationalismus hervortaten, der sie anfällig für die Ideologie Hitlers machte, waren dabei ein wichtiger Faktor als Wähler und Bündnispartner.

Die vorliegende Magisterarbeit beschäftigt sich mit der Frage nach dem *Wie* des Aufstiegs der nationalsozialistischen Studenten bis zur Sicherung der Macht im Jahr 1932 sowie den diese Entwicklung begünstigenden Umständen. Dabei konzentriert sich die Untersuchung auf die Philipps-Universität Marburg. Zwar liegt mit dem umfangreichen Werk von Holger Zinn[1] eine Arbeit vor, welche die Vorgänge an der Marburger Universität beleuchtet, doch ist darin die ideologisch-politische Dimension ausgespart und die Behandlung der örtlichen Studentenverbindungen unstrukturiert gehalten. Daher versucht die vorliegende Magisterarbeit die Entwicklung der Marburger Hochschulgruppe unter Berücksichtigung unterschiedlicher Verbindungstypen und deren ideologischem Selbstverständnis aufzuzeigen. Da eine umfassende Behandlung des Korporationsstudentums mit seinen vielfältigen Bräuchen, Ausprägungen und Institutionen den Rahmen dieser Arbeit gesprengt hätte, sind nur die Aspekte thematisiert, die im Zusammenhang mit dem Anliegen von Relevanz sind.

In den beiden ersten Kapiteln werden zu diesem Zweck zunächst das lokale politische Umfeld der Universität sowie die Dozenten und die Studierenden vorgestellt. Um den Geist, der zwischen 1918 und 1933 innerhalb der Studentenschaft dominierte, verstehen zu können, rücken geistesgeschichtliche Konstanten aus dem Kaiserreich sowie die Vorstellungen des radikalen völkischen Lagers ebenso in das Blickfeld der Ar-

---

1 Zinn, Holger: Zwischen Republik und Diktatur. Die Studentenschaft der Philipps-Universität Marburg in den Jahren 1925-1945, Köln 2002.

beit wie der akademische Antisemitismus. Damit die Entwicklungen an der mittelhessischen Hochschule im Kontext der reichsweiten Vorgänge eingeordnet werden können, reicht der Horizont der Arbeit notwendigerweise über den lokalen Rahmen hinaus. In diesem Fall waren unter anderem die Arbeiten von Grüttner[2] und Leisen[3] hilfreich.

Das dritte Kapitel widmet sich dem nationalsozialistischen Milieu der Stadt, bestehend aus der NSDAP Ortsgruppe und dem örtlichen NSDStB und deren Vorgehen. Letzterer wird dabei, sofern notwendig, in den Rahmen der reichsweiten Vorgänge gestellt, um daran Besonderheiten der Marburger Gruppe zu illustrieren. Dazu gehörte die vergleichsweise enge Bindung und Kooperation mit den örtlichen Studentenverbindungen. Deren Verhältnis, insbesondere deren Affinität zum Hochschulbund und Gemeinsamkeiten behandelt das folgende, umfangreichste Kapitel. Um aus der Fülle der über 30 damals in Marburg existierenden Bünde eine möglichst vielschichtige Auswahl zu treffen, fiel die Wahl auf die Verbindungen der Deutschen Burschenschaft, der Deutschen Landsmannschaft, insbesondere der Landsmannschaft Hasso-Borussia, den Verein Deutscher Studenten, den katholischen Verbindungen im Cartellverband der katholischen deutschen Studentenverbindungen und dem Wingolfsbund. Bei Burschenschaft, Landsmannschaft und Cartellverband handelte es sich um drei der größten Verbände mit jeweils über 100 Einzelverbindungen.[4] Die Corps, die seit dem Kaiserreich das größte Prestige genossen und denen unter anderem Bismarck und Wilhelm II. angehört hatten, sind aufgrund mangelnder Möglichkeiten der Quelleneinsicht ausgespart. Da die Phase der Weimarer Republik ideologisch eine äußerst dynamische Zeit darstellte, gestaltete sich die Einordnung der Einzelbünde alles andere als einfach. Zudem war jede dieser Organisationen eine Ansammlung von Individuen und nicht eine klar ausgerichtete politische Partei. Abschließend soll gezeigt werden, wie sich die Beziehung zwischen beiden Lagern nach dem Studententag 1931, der dem Hochschulbund die Führung innerhalb der Studentenschaften brachte, entwickelten.

Den größten Quellenwert für die Erarbeitung hatten die Verbandszeitschriften der ausgewählten Verbindungstypen. In ihnen schlugen sich die politischen Diskussionen der Jahre vor der nationalsozialistischen Herrschaft nieder, und abgedruckte Festreden dokumentieren damals allgemein akzeptierte Vorstellungen. Zudem finden sich dort oftmals offizielle Beschlüsse der jeweiligen Verbandsorgane. Aber auch in den

---

2 Grüttner, Michael: Studenten im Dritten Reich, Paderborn 1995.

3 Leisen, Adolf: Die Ausbreitung des völkischen Gedankens in der Studentenschaft der Weimarer Republik, Daleiden 1964.

4 Landsmannschafter-Zeitung , 44. Jg., Nr. 5, Mai 1930, S. 113.

Zeitungen einzelner Korporationen ging es neben ausführlichen Berichten über die Veranstaltungen um die Frage der eigenen Verortung im neuen Staat und die Haltung zum aufkommenden Nationalsozialismus. Im Fall der letztgenannten Zeitungen werden die Namen der Verfasser aus Gründen der Diskretion ausgelassen, da sie als interne Publikationen entstanden sind und für diese Arbeit nur unter Zusage der Anonymisierung zugänglich gemacht wurden. Die verwendeten Akten des Staatsarchivs Marburg boten in erster Linie Einblicke in die Mitgliederentwicklung der lokalen Korporationen. In Einzelfällen ließen sich anhand der Korrespondenz der Universitätsleitung mit den behandelten Organisationen Konflikte feststellen.

Der Literaturbestand zum Themenkomplex Nationalsozialismus und Studentenverbindungen ist insgesamt umfangreich. Dabei handelt es sich in vielen Fällen um Lokalstudien einzelner Universitätsstädte oder allgemeine Studien über die Korporiertenverbände, wie die Arbeit von Heither über die Deutsche Burschenschaft.[5] An jener und weiteren verwendeten Arbeiten Heithers offenbart sich ein Problem des Forschungsstandes: Pro oder kontra Studentenverbindungen scheint oft die Losung der Autoren zu sein. So sind die Arbeiten Heithers, Gottschaldts, Schäfers und Peters` unzweifelhaft der korporationsfeindlichen Geschichtsschreibung zuzuordnen. Im Gegensatz dazu stehen Darstellungen der Verbände, die sich stellenweise um eine apologetische Lesart der eigenen neueren Geschichte bemühen. Für eine sachliche Auseinandersetzung mit der Rolle der unterschiedlichen Verbindungen während der Weimarer Republik und des Erstarkens des deutschen Faschismus ist eine besonders differenzierte Sicht der involvierten Gruppen erforderlich. Andernfalls erliegt man zu schnell Verallgemeinerungen und einseitigen Schuldzuschreibungen, die häufig der Rückschau und dem Wissen um die Entwicklung bis 1945 zuzuschreiben sind.

Um die Marburger Studenten in ihre Umgebung einzuordnen, ist es angebracht, zunächst die Stadt und ihre Universität zu betrachten.

---

5 Heither, Dietrich: Verbündete Männer, Die Deutsche Burschenschaft - Weltanschauung, Politik und Brauchtum, Köln 2000.

1 Marburg als „Hort der Reaktion", seine Dozenten und der völkische Geist

1.1 Marburg - sozial, wirtschaftlich und politisch betrachtet

Den zweifelhaften Titel als reaktionäres Universitätsnest hatte Marburg unter anderem dem Einsatz des Marburger Studentenkorps im Frühjahr 1920 in Thüringen zu verdanken. Im Zuge eines Spartakistenaufstandes kamen 16 als Rädelsführer verhaftete Arbeiter durch die Hände von Studentenkorpsmitgliedern ums Leben. Im anschließenden Kriegsgerichtsverfahren wurden die angeklagten Studenten freigesprochen. Daraufhin witterten Teile der Gesellschaft eine reaktionäre Gesinnung nicht nur bei den Studenten, sondern auch bei den für den Freispruch zuständigen Juristen, was Marburg letztlich den Ruf, ein „Hort der Reaktion" zu sein, einbrachte.[6] Gehalten hat sich diese Ansicht unter anderem durch die Behauptung Wolfgang Abendroths, wonach die durch ihre Professoren mit Vorurteilen verblendeten Studenten nach den Vorfällen von Richtern, die Alte Herren ihrer Verbindungen gewesen sein sollen, freigesprochen wurden. Doch bleibt der Autor in seinem Text Belege, insbesondere für die Behauptung, die Angeklagten seien von ihren Alten Herren freigesprochen worden, schuldig.[7] Da sich jedoch Universitätsleitung, Gewerbetreibende und einige Bürger vor die Studenten stellten, festigte sich das Bild von der rückwärtsgewandten Lahnstadt.[8]

Für die Betrachtungen der deutschen Studenten und speziell der Marburger Studentenschaft in den 1920er-Jahren ist in diesem Zusammenhang im Hinterkopf zu behalten, dass sich die Jungakademiker durch die Kritik des preußischen Kultusminister Konrad Haenisch am Tod der Arbeiter zutiefst brüskiert fühlten, waren sie doch einem Regierungsaufruf zur Niederschlagung des Aufstandes gefolgt.[9] Eine spätere Entschul-

---

6 Krist, Dietmar: 150 Jahre Landsmannschaft Hasso-Borussia, Eine Chronik der Landsmannschaft Hasso-Borussia zu Marburg im Coburger Convent, Marburg 2006, S. 116f.

7 Abendroth, Wolfgang: Die deutschen Professoren und die Weimarer Republik, in: Tröger, Jörg [Hg.]: Hochschule und Wissenschaft im Dritten Reich, Frankfurt am Main 1984, S. 11-26, S. 24.

8 Hussong, Ulrich: Marburg - Stadt und Universität, in: Die Philipps-Universität Marburg zwischen Kaiserreich und Nationalsozialismus, hg. v. Verein für hessische Geschichte und Landeskunde e. V. Kassel 2006, S. 45-62, S. 49f.

9 Bleuel, Hans Peter/ Klinnert, Ernst: Deutsche Studenten auf dem Weg ins Dritte Reich, Ideologien - Programme - Aktionen 1918-1935, Gütersloh 1967, S. 75f und in den Worten eines Angehörigen der Burschenschaft Rheinfranken siehe Windels, Friedrich: Die Umstellung des Vereins zur wissenschaftlichen

digung Haenischs stieß auf taube Ohren; „das Porzellan blieb zerschlagen".[10]

Doch war die Stadt an der Lahn wirklich so rückwärtsgewandt, wie ihr vorgeworfen wurde? Oder zumindest „kleinkariert"[11], wie der Romanist Curtius wenig schmeichelhaft urteilte? Dazu muss die Stadt, die seit dem Hochmittelalter urkundlich belegt ist,[12] genauer untersucht werden.

> Wir geben in unserer geschlossenen Gemeinschaft und in der unmittelbaren Einwirkung und Schönheit unserer Stadt und deren Umgebung dem jungen Studenten die Möglichkeit, sein eigenes Ich zu prüfen und Selbsterkenntnis zu üben. Die Ruhe und das harmonische Zusammenleben in unserer Stadt sorgt dafür, dass die inneren Erlebnisse nicht durch äußere unterdrückt werden und dass die Seele fähig bleibt, die großen inneren Erlebnisse in sich aufzunehmen.[13]

Diese Beschreibung Marburgs durch ihren Oberbürgermeister Müller mag den Kleinstadtcharakter, welcher dem Ort anhing, untermauern.

Wirtschaftlich war der Ort in hohem Maße von der Universität abhängig. So waren die Produktion von Waren für die Hochschule und deren Angehörige sowie der Tourismus wichtige Wirtschaftsfaktoren. Durch die nicht industrielle Struktur traf die in der Spätphase der Weimarer Republik um sich greifende Massenarbeitslosigkeit Marburg weniger hart als andere Regionen Deutschlands.[14] Diesem Urteil schließt sich auch Seier in seinem Beitrag an.[15] Die Mitteljahre der Republik waren auch in Marburg die stabilsten dieser 14jährigen ersten republikanischen Phase. Dies lag nicht zuletzt am Aufschwung durch zunehmenden Tourismus und

---

Verbindung Rheinfranken und zur couleurtragenden Verbindung bis zur endgültigen Aufnahme in die Deutsche Burschenschaft, in: Zur Geschichte der Marburger Burschenschaft Rheinfranken 1880-1930, Marburg 1932, S. 53-71, S.56.

10 Bleuel/ Klinnert: S. 78.

11 Gadamer, Hans-Georg: Philosophische Lehrjahre, Eine Rückschau, Frankfurt am Main 1977, S. 26.

12 Krist: S. 9.

13 Oberbürgermeister Müller: Rede am 30. Juli 1927 im Rahmen des Festaktes der 400-Jahr-Feier der Universität, in: Die Vierhundertjahrfeier der Philipps-Universität Marburg 1927, Marburg 1928, S. 43.

14 Koshar, Rudy: Two „Nazisms": the social context of Nazi mobilization in Marburg and Tübingen, in: Social History, 7. Band.Cambridge 1982, S. 27-42, S. 31.

15 Seier, Hellmut: Marburg in der Weimarer Republik 1918-1933, in: Dettmering, Erhart/ Grenz, Rudolf [Hrsg.]: Marburger Geschichte, Rückblick auf die Stadtgeschichte in Einzelbeiträgen, Marburg 1980, S. 559-592, S. 582.

den damit einhergehenden Bauaufschwung, sowie die Zunahme des KFZ-Verkehrs.[16]

Die Bevölkerung Marburgs bestand überwiegend aus Angehörigen des unteren und mittleren Bürgertums, von denen ein hoher Anteil Angestellte und Beamte waren. Dies lag an den lokalen Behörden, Kliniken und natürlich der Universität. Rosemarie Mann schätzt, dass 30 % der Einwohner ihr ihre Beschäftigung verdankten.[17]

Neben der Prägung der Stadt durch die *Alma Mater Philippina* war das ausgeprägte Vereinswesen in der mittelhessischen Kleinstadt von Bedeutung. Dadurch, dass viele Einwohner sich in Vereinen zusammentaten, teilte sich die Gesellschaft in soziale Gruppen. Besonders deutlich wird dies an der Trennung der Arbeiterschaft von der Mittelklasse, beispielsweise durch Arbeitersportvereine.[18] Vor allem die Mittelschicht verfügte durch das Vereinswesen über ein reichhaltiges Organisations- und Kommunikationsnetz, das es ermöglichte, gemeinsame Interessen zu verfolgen und ein Gemeinschaftsbewusstsein zu erzeugen.[19] Der Effekt solcher über den sozialen Stand definierten und weitgehend milieuimmanenten Gruppierungen liegt konsequenterweise in einem Mangel an Austausch mit anderen sozialen Gruppen. Dies ist im Fall Marburgs nicht uninteressant, war es doch das Arbeitermilieu, welches zur Republik stand.[20]

Ein Blick auf die politische Willensäußerung der Marburger Bürger im Rahmen der Wahlen gibt Rückschlüsse über die Haltung zur ersten deutschen Republik. Vorab kann, um mit Hellmut Seier zu sprechen, festgehalten werden: „Das Marburg der Weimarer Zeit stand rechts".[21] Die Wahlergebnisse jener Jahre lassen an der rechten Hegemonie keinen Zweifel aufkommen, sie verdeutlichen ein deutsch-nationales Grundpotenzial, das sich bis 1930 zu nationalsozialistischen Wählern wandelte. Die Zahlen aus der Arbeit von Seier zeigen, dass die nationalistische, antisemitische DNVP des Verlegers Hugenberg bei jeder Wahl der Jahre 1919 bis 1933 in Marburg deutlich über ihrem Reichsergebnis lag. Ihre Hochphase hatte sie 1920 bis 1924, als bis zu 33,1 % der Marburger Wäh-

---

16 Seier: 580.

17 Mann, Rosemarie: Entstehen und Entwicklung der NSDAP Marburg bis 1933, in: Hessisches Jahrbuch für Landesgeschichte, 22. Band, Marburg 1972, S. 254-342, S. 258.

18 Koshar: „Nazisms", S. 33.

19 Koshar, Rudy John: Vereinsleben und Nazismus, Eine Analyse der Mobilisierung in Marburg a. d. L., in: Hennig, Eike [Hg.]: Hessen unterm Hakenkreuz, Studien zur Durchsetzung der NSDAP in Hessen, Frankfurt am Main 1984, S. 117-127, S. 119.

20 Koshar: „Nazisms", S. 31.

21 Seier: S. 560.

ler ihr ihre Stimme gaben. Auch nach ihrer Ablösung als stärkste rechtsextreme Partei durch die aufstrebende NSDAP 1930 blieben die DNVP-Wahlergebnisse in der alten Universitätsstadt im zweistelligen Bereich.[22] Publizistisch unterstützt wurde die Partei dabei durch die Oberhessische Zeitung, deren Besitzer, Dr. Hitzeroth, ebenfalls zur DNVP gehörte und eine entsprechende politische Position vertrat.[23] Dabei handelte es sich bei dieser Zeitung um die größte Tageszeitung vor Ort.[24]

Bemerkenswert ist zudem, dass in Kombination aus DNVP und NSDAP in Marburg mindestens ein Drittel der Stimmen auf rechtsextreme Parteien entfielen. Besonders fällt dabei ins Auge, dass bei der Wahl am 4. Mai 1924 der „Völkisch-Soziale Block" (VSB), eine Ansammlung aus radikalen Splitterparteien, unter anderem aus Nationalsozialisten und „renegade conservatives",[25] aus dem Stand 17,7 % errang.[26] Und das nur ein halbes Jahr, nachdem der Putschversuch Hitlers in München so kläglich gescheitert war, dieser sich noch in Haft befand und die NSDAP verboten war. Dabei dürfte den lokalen Wählern nicht entgangen sein, dass sich die örtlichen Nationalsozialisten lediglich in eine Tarnorganisation verschiedner anderer Gruppierungen eingefügt hatten, welche die unterschiedlichen antisemitischen Splittergruppen miteinander verband.[27] In diesem Jahr bedeutete dies zusammen mit den 28,6 % der DNVP,[28] dass 46,3 % der Stimmberechtigten radikalen nationalen, völkischen Inhalten zustimmten und sich von entsprechenden Parteien vertreten wissen wollten. Die Neigung zu solchen Anschauungen, die mit dem Antisemitismus einherging, lässt sich in eine Linie stellen mit vergangenen Erfolgen judenfeindlicher Politik in Hessen. So gelang es dem Politiker Otto Böckel während des Wilhelminischen Reiches als Vertreter der politischen Judenfeindlichkeit, die Antisemitische Volkspartei in der Region als starke politische Kraft zu etablieren.[29] Da auch die nationalliberale DVP in Marburg bis in die 1930er-Jahre Ergebnisse im deutlich

---

22 Seier: S. 561.

23 Koshar: „Nazisms", S. 39.

24 Koshar, Rudy: Social Life, Local Politics, and Nazism. Marburg, 1880-1935, Chapel Hill 1986, S. 163.

25 Koshar: „Nazisms", S. 38.

26 Mann: S. 291.

27 Koshar: Social Life, S. 182.

28 Seier: S. 561.

29 Mohler, Armin: Die Konservative Revolution in Deutschland 1918-1932, Ein Handbuch, Darmstadt 1972, S. 30 und Lohalm, Uwe: Völkischer Radikalismus. Die Geschichte des Deutschvölkischen Schutz- und Trutzbundes 1919-1923, Hamburg 1970, S. 67.

zweistelligen Bereich erzielte,[30] bietet sich dem Betrachter das Bild einer Stadt, welche den damaligen Facetten des politischen rechten Spektrums zuneigte. Vor diesem Hintergrund verwundert es auch nicht, dass Paul von Hindenburg 1925 72 % der Stimmen während der Reichspräsidentenwahl erhielt.[31]

Aus Mangel an einem ausgeprägtem Arbeitermilieu und der erdrückenden protestantischen Mehrheit in der Stadt ist es nicht überraschend, dass weder SPD, USPD oder Zentrumspartei nennenswerte Erfolge für sich verbuchen konnten. So konnte die SPD nach 1919 nicht mehr über die 20-Prozent-Marke klettern, und die katholische Zentrumspartei blieb mit ihrem schwankenden Anteil zwischen 6,6 % und 4,3 % ein unbedeutender Faktor knapp über dem Status einer Splitterpartei.[32]

Der Marburger Wähler zur Zeit der Weimarer Republik zeigte sich nach dem, was sich aus den Ergebnissen ablesen lässt, als „überwiegend republikskeptisch, demokratiefremd, nach rechts treibend." Dabei sollte der Fairness halber nicht unterschlagen werden, dass man auch in der Spätphase der Republik nicht auf Hitler fixiert war, sondern in der DNVP eine politische Alternative erblickte.[33] Doch sollte die Geschichte zeigen, dass man damit der NSDAP indirekt zur Macht verhalf, angesichts der selbst gewählten unglücklichen Rolle, welche die rechts-konservativen bis deutsch-nationalen Kreise im Vorfeld des 30. Januar 1933 spielten.

Bis zu diesem Punkt der Betrachtungen über die Kleinstadt an der Lahn drängt sich der Schmähname aus der Kapitelüberschrift unweigerlich auf. Doch es gab auch republikanische Strömungen. So gründete im Februar 1924 der Lehrer Ludwig Mütze in Marburg eine Gruppe des Reichsbanners. Diese deutschlandweit verbreitete Organisation hatte sich zum Ziel gesetzt, die junge Demokratie zu schützen. Es gelang ihm jedoch nicht, den Studenten die Bedeutung der neuen Staatsfarben Schwarz-Rot-Gold nahezubringen.[34] Dies mutet in gewissem Maße widersinnig an, bedenkt man, dass die Farben der Jenaer Urburschenschaft ebenfalls Schwarz-Rot-Gold waren.[35] So hätte man meinen können, dass zumindest die Burschenschafter sich mit den neuen Reichsfarben hätten

---

30 Beispielsweise 1920 29,9 %; 1924 18,1 %; 1928 24,0 %. Seier: S. 561.

31 Mann: S. 262.

32 Seier: S. 561.

33 Seier: S. 563.

34 Seier: S. 567.

35 http://www.burschenschaft.de/geschichte/geschichte-der-db/sinnbilder-farben-und-wappen-der-deutschen-burschenschaft/die-farben-schwarz-rot-gold.html Zugriff am 11.12.2009

anfreunden können. Immerhin gelang es dem Reichsbanner in Marburg bis 1927, 300 Mitglieder zu gewinnen, was viermal soviel war, wie der örtliche Stahlhelmbund für sich beanspruchen konnte.[36] Außerdem versuchte die Leitung des Reichsbanners, Unterstützer zu gewinnen, indem sie sich betont großdeutsch gab.[37] Die Marburger Bürgermeister der Weimarer Jahre Deutschlands, Paul Troje, Georg Voigt und Johannes Müller, erwiesen sich als Stützen gegen jeglichen Extremismus innerhalb der Mauern ihrer Stadt, wie Seier wohlwollend urteilt.[38] Vor diesem Hintergrund kann auch die Rede, die Oberbürgermeister Müller anlässlich des Gefallenengedenkens im Rahmen der 400-Jahrfeier hielt, nicht als Ausdruck reaktionärer Gesinnung, sondern als „zeittypisches" Pathos gedeutet werden. „Die akademische Jugend wird immer bereit sein, ihr Leben für die Ehre des Vaterlandes zu opfern".[39] Mit dem Hessischen Tageblatt gab es vor Ort zudem eine liberale republikanische Zeitung, die durch ihre Berichterstattung bemüht war, Wähler von der NSDAP fernzuhalten.[40] Schon vor dem Erstarken der Nationalsozialisten hatte das Tageblatt vor einseitigem Nationalismus gewarnt, beispielsweise vor der Vereinnahmung des Gefallenengedenkens durch nationale Gruppen.[41]

War die Bürgerschaft auch in großen Teilen der Republik nicht zugetan, sondern stand ihr ablehnend gegenüber und strebte ins deutsch-nationale Lager, so gab es doch auch Anhänger des neuen Staates und linke bis linksextreme Wählerkreise. Die 1933 noch 25,4 % Wählerstimmenanteil aus KPD, SPD, DDP und Zentrum unter den Tisch fallen zu lassen, würde das deutlich differenziertere Bild der politischen Aufteilung Marburgs verzerren. Den Ruf, ein „Hort der Reaktion" zu sein, ausschließlich auf die Wahlergebnisse zu stützen, wäre somit unzureichend, wenn auch nicht von der Hand zu weisen. Die Ursachen für diese sich hartnäckig haltende Ansicht dürften folglich auch im kulturell und wirtschaftlich bedeutendsten Faktor zu finden sein: der Universität.

---

36 Seier: S. 567.

37 Baum, Rainer: The Holocaust and the German Elite. Genocide and National Suicide in Germany 1871-1945, London 1981, S. 257.

38 Seier: 569f.

39 Oberbürgermeister Müller: Rede anlässlich der Enthüllung des Gefallenendenkmals am 29. Juli 1927. In: Die Vierhundertjahrfeier der Philipps-Universität Marburg 1927, Marburg 1928, S. 24.

40 Mann: S. 276f.

41 Koshar: Social Life, S. 162.

1.2 Die politische Haltung der Marburger Dozenten

Um die weltanschaulichen Entwicklungen innerhalb der Studentenschaft verstehen zu können, ist es angebracht, zunächst ihre akademischen Lehrer und deren politische Haltung zu untersuchen. Allerdings ist zu diesem Aspekt der Universitätsgeschichte die Forschungsliteratur nicht besonders ergiebig. Darauf weist Theodor Eschenburg hin und darauf, dass man bei der Darstellung antidemokratischer Dozenten oftmals „nur allzu taktvoll"[42] gewesen sei. Darüber, dass die Mehrheit der deutschen Hochschullehrer nach dem verlorenen Ersten Weltkrieg, der auch für die Marburger Dozenten eine Katastrophe bedeutete,[43] antidemokratisch orientiert war, sind sich die Historiker jedoch einig. So distanzierte man sich mehrheitlich von der neuen Staatsform,[44] was so weit ging, dass Sympathisanten der Demokratie unter Kollegen als anrüchig galten.[45] Viele Hochschullehrer trauerten dem untergegangenen Kaiserreich nach und neigten parteipolitisch zur DNVP oder DVP oder gaben sich betont unpolitisch.[46] Die Nähe und Sympathien für nationalistische Anschauungen ermöglichte Kooperationen mit der radikalen Rechten. So nahm der Marburger Universitätsrektor Genzmer im August 1929 an einer Kundgebung von Stahlhelm und NSDAP teil und trat als Redner in Erscheinung. Dies tat er trotz eines offiziellen Verbots von höherer Stelle. Die Folge waren kritische Berichte in der überregionalen Presse, Anfragen sozialdemokratischer Abgeordneter im Parlament und schließlich eine Maßregelung durch den preußischen Kultusminister.[47]

Abseits solcher Auftritte, die angreifbar machten, boten sich andere Wege, seine politischen Ansichten zu äußern. In der Marburger Hochschulzeitung wetterte Professor Wegner gegen Liberale, Demokraten und „Kulturbolschewismus."[48] Diese Ablehnung gegenüber Demokratie und

---

42 Eschenburg, Theodor: Aus dem Universitätsleben vor 1933, in: Andreas Flitner [Hg.]: Deutsches Geistesleben und Nationalsozialismus, Tübingen 1965, S. 24 - 46, S. 25.

43 Wettmann, Andrea: Auf der Suche nach neuen Wegen? Die Philipps-Universität Marburg am Wendepunkt zwischen Kaiserreich und Weimarer Republik, in: Philipps-Universität Marburg zwischen Kaiserreich und Nationalsozialismus, S. 13-44, S. 17.

44 Hammerstein, Notker: Antisemitismus und deutsche Universitäten 1871-1933, Frankfurt am Main/ New York 1995, S. 84.

45 Eschenburg: S. 36.

46 Grüttner: S. 43.

47 Volksstimme vom 10.8.1929, „Faschisten-Universität Marburg" und Casseler Tageblatt vom 8.12.1929, „Marburgs Rektor gemaßregelt" in StAM 305a Acc. 1950/9 Nr. 585, Blatt 30, 58.

48 Marburger Hochschulzeitung, 2. Jg., Nr. 4, 1.2.1931, S. 56.

Republik entsprang unter den Gelehrten auch einer kulturpessimistischen Stimmung aufgrund der zunehmenden Vermassung der Gesellschaft und des Verlustes des Geisteslebens und der Kultur gegenüber einem neuen Materialismus. Allgemein fürchtete das Bildungsbürgertum, wie Faulenbach beispielhaft anhand der Historiker illustriert, um seine „geistesaristokratischen Ideale[n]" gegenüber rein wirtschaftlichen Interessen.[49] Der Marburger Privatdozent Dr. Gerber formulierte es so:

> [...] sollen wir denen folgen, die den Studenten, den Akademiker einfach aufgehen lassen wollen in der großen Masse des Volkes? Ist in dieser Ansicht die Bedeutung der akademischen Freiheit als hervorhebende Eigentümlichkeit ganz geschwunden? Gewiß nicht! Volk ist eben nicht Masse, nicht ein ungegliederter Haufen gleicher Individuen! Volk ist wohlgegliedertes Ganzes![50]

Aus diesen Worten sprechen Standesdünkel und Elitebewusstsein. In diesem Kontext spielte die deutsche Bildungstradition des 19. Jahrhunderts eine nicht zu unterschätzende Rolle. Die Hochschullehrer waren geprägt durch ein ständisches Selbstverständnis als Gebildete, die sich gegenüber dem als unkultiviert empfundenen Besitzbürgertum abgrenzten. Fritz Ringer wählte dafür in seinem Beitrag über die Dozenten den Begriff „Mandarine"[51] als Anspielung auf die Oberschicht der Beamten im kaiserlichen China.

Aus dieser„elitäre[n] Angst vor dem ‚Aufstand der Massen"[52] entwickelten sich immer elitär-autoritärere Auffassungen von Politik und Staatsführung. So sollte die Intelligenz die Masse führen.[53] Bei derartigen Ansichten verwundert es nicht, wenn sich Teile des Lehrkörpers als „politische Erzieher"[54] fühlten und entsprechende Vorstellungen an ihre Hörer weitergaben. Somit offenbarte sich die Dozentenschaft während der Weimarer Republik als verunsichert und ressentimentgeladen gegenüber den neuen Verhältnissen in Deutschland. Professoren wie auch Industrielle und Politiker, vereinfacht gesagt, die Mehrheit der Ober-

---

49 Faulenbach, Bernd: Die Historiker und die „Massengesellschaft" der Weimarer Republik, in: Schwabe, Klaus [Hg.]: Deutsche Hochschullehrer als Elite 1815-1945, S. 225-246, S. 237.

50 Rede PD Dr. Gerber auf Studentischer Feier am 30. Juli 1927, in: Die Vierhunderjahrfeier. S. 71.

51 Ringer, Fritz: Das gesellschaftliche Profil der deutschen Hochschullehrerschaft 1871-1933, in: Schwabe, Klaus [Hg.]: Deutsche Hochschullehrer als Elite 1815-1945, S. 93-104, S. 103.

52 Graf Krockow, Christian: Scheiterhaufen, Größe und Elend des deutschen Geistes, Berlin 1983, S. 88.

53 Faulenbach: S. 240.

54 Eschenburg: S. 33.

schicht, war oftmals nicht gewillt, die alte Ordnung über Bord zu werfen. Man war bestenfalls „Vernunftrepublikaner" und nahm den neuen Staat ohne Begeisterung hin.[55] Man nahm die alltäglichen parlamentarischen Abläufe im Reichstag als „lächerlich[es], unwirklich[es]" wahr, wohingegen das einfache Volk während der Krisenjahre 1919-1924 Not litt.[56]

Das bedeutete jedoch nicht, dass man unbedingt staatsfeindlich eingestellt sein musste. Hammerstein betont gar, dass es an der Marburger Hochschule sehr wohl modernisierende Strömungen gab, wenn diese auch in der Minderheit blieben.[57] So sollte in diesem Zusammenhang auch explizit erwähnt werden, dass die Gremien und Organe der Philipps-Universität keine rechtsextremistischen Angriffe auf die Republik begünstigten. Dabei sei auch auf den Fall des protestantischen Theologen Günther Dehn verwiesen, der sich wegen einer kritischen Rede zum Gefallenengedenken die Feindschaft unter anderem weiter Teile des akademischen Milieus zugezogen hatte. In diesem Fall wandten sich neun Marburger Theologen gegen die auftretenden studentischen Proteste.[58] So kritisierten die Nationalsozialisten im Rückblick, dass die Dozentenschaft noch 1929 Politik aus der Universität heraushalten wollte und auch 1932 die Hochschullehrer wenig Interesse an Vorträgen des NSDStB hatten.[59]

Letztlich waren auch die Marburger Talarträger nicht anders als ihre Kollegen im Staat. So sind keine herausragenden Beispiele republikanischen Engagements seitens der lokalen Dozenten als Gruppe überliefert. Der reaktionäre Ruf Marburgs rührt folglich auch daher, dass der Lehrkörper der Philipps-Universität mehrheitlich dementsprechend gesonnen war und in seiner Funktion auch meinungsbildend auf die Studenten wirken konnte.

---

55 Gay, Peter: Die Republik der Aussenseiter, Geist und Kultur in der Weimarer Zeit: 1918-1933, Frankfurt am Main 1970, S. 44.

56 Gay: S. 105.

57 Hammerstein: Notker: Marburg und die deutsche Universitätslandschaft in den 20er Jahren, in: Philipps-Universität Marburg zwischen Kaiserreich und Nationalsozialismus, S. 1-12, S. 9.

58 Seier: S. 586.

59 Weibezahn, Fritz: Unser Kampf um die Marburger Universität, in:1923-1925-1935 NSDAP Marburg, Marburg 1935, S. 46-51, S. 46 und 49.

1.3 Exkurs: Der völkische Geist

Aufgrund der beherrschenden Rolle des Nationalsozialismus und seiner prägenden Rolle für die jüngere deutsche Geschichte besteht die Gefahr, das rechte Spektrum der Weimarer Republik auf ihn zuzuspitzen. Doch wäre dies nicht nur eine grobe Vereinfachung, sondern schlicht falsch, denn damit würde ein vielschichtiges geistiges Umfeld vernachlässigt. So wird sich zeigen, dass es von bürgerlich Rechtskonservativen bis hin zu Nationalsozialisten einen geistigen Konsens gab, der die unterschiedlichen Ausrichtungen der politisch Rechtsstehenden zusammenhielt. Die Bandbreite dieses Gedankenguts wird gemeinhin mit dem Begriff „völkisch" zusammengefasst. Diese Geisteshaltung war nicht auf ein bestimmtes soziales Milieu beschränkt, sondern war Bestandteil der politischen Landschaft der gesamten Bevölkerung.[60]

Dreh- und Angelpunkt der völkischen Ideenwelt war das Ideal der Volksgemeinschaft, obwohl eine klare Definition, was sie sein sollte, bis heute fehlt. Diese Volksgemeinschaft sollte den Staat als irrationalistische, rassisch geschlossene Einheit unter dem Führerprinzip bilden.[61] Allerdings schwiegen sich die Vertreter dieser Weltanschauung darüber aus, was denn den Inhalt der „Gleichartigkeit" oder der „Artgleichheit" des deutschen Volkes ausmache.[62] Armin Mohler, der ehemalige Privatsekretär Ernst Jüngers, kommt ebenfalls nicht darüber hinaus, das Adjektiv „völkisch" auf eine Weltanschauung zu beziehen, wonach „der Mensch wesentlich durch seine Herkunft, sei es nun aus dem noch gestaltlosen Stoff einer Rasse oder aus einem durch die Geschichte bereits gestalteten Volk oder Stamm",[63] zu beziehen sei.

Überhaupt galt im damaligen völkischen Denken „Volk" als absoluter Wert. Dem entgegengestellt war die Vorstellung einer Gemeinschaft von Staatsbürgern. Es standen sich folglich die Vorstellungen vom Volk als vitalem Organismus und die des Staatsbürgers als nüchternem, rationalem Teilnehmer am Staat diametral gegenüber. Dem Parlamentarismus und Parteienwesen stand man feindlich gegenüber. Man witterte darin beispielsweise Gefahren für die Überparteilichkeit der Justiz, da Parteipolitik die Rechtssprechung verderbe und politische Überzeugungen Einfluss auf die Berufung von Amtspersonen hätten, wie ein Marburger

---

60 Zirlewagen, Marc: Der Kyffhäuser-Verband der Vereine Deutscher Studenten in der Weimarer Republik, Köln 1999, S. 56.

61 Zinn: Republik und Diktatur, S. 87-89.

62 Hoffmann, Lutz: Das deutsche Volk und seine Feinde: die völkische Droge – Aktualität und Entstehungsgeschichte, Verl 1994, S. 175.

63 Mohler: S. 29.

Burschenschafter meinte.[64] Der sich täglich neu organisierenden Gemeinschaft der Bürger innerhalb des Staates zog man den „natürlichen Organismus des Volkes" vor.[65]

> Demgegenüber steht der neue Gedanke des Volksstaates, des Staates als Organismus des Volkes. Und dieses Volk ist keine Masse von Staatsangehörigen, sondern eine ethnologische Einheit. Wir sind gegen den Staat von heute und vertreten ihm gegenüber das deutsche Volk.[66]

So formulierte es ein Angehöriger des NSDStB Marburg 1927. Das eigene Volk wurde zur „Blutsgemeinschaft" verklärt, die es rein zu erhalten gelte, und die den irrationalen, weil nicht definierbaren Kern des Volkes ausmache.[67] Angereichert mit nebulösen Begriffen wie „Volk", „Blut", „Rasse" und „Zusammenhang des Blutes" sollte suggeriert werden, dass die Volksgemeinschaft eine erfahrbare Einheit sei und nichts rational Erklärbares.[68]

Angesichts der Betonung des deutschen Volksbegriffs drängt sich zu Recht der Verdacht auf, dass es sich bei der völkischen Geistesströmung um ein typisch deutsches Phänomen handelte. Genau genommen beschreibt „völkisch" das deutsche Volk in seiner „natürlicher Ganzheit" im Denken des frühen 20. Jahrhunderts, wie Lutz Hoffmann in seiner ausführlichen Arbeit schreibt.[69] Die völkischen Vordenker nahmen für ihre Ideen den Volksbegriff der deutschen Romantiker wieder auf, der somit unbeabsichtigt den Unterbau für die Rassenlehre Houston Stewart Chamberlains bildete.[70] Schon der Rückgriff auf die Romantiker macht deutlich, dass die gesamte Ideologie eine rückwärtsgewandte war. Man verklärte ein vormodernes Gesellschaftsideal und stellte sich in Opposition zur neuzeitlichen Gesellschaft. In dem deutschen Volksbegriff waren schon typisch antidemokratische Elemente enthalten, wie etwa die Abneigung gegen den Atomismus der formalen Demokratie, die Glorifizierung einer Führerperson und die Abwertung der Masse.[71] Der ersehnte Führer sollte nicht egoistischen Motiven verpflichtet, sondern ein verantwortungsbewusster, selbstloser Herrscher sein.[72]

---

64 Burschenschaftliche Blätter, 44. Jg. Nr. 7 April 1930, S. 170.

65 Hoffmann: S. 71.

66 Blätter der Philipps-Universität, Februar 1927 Nr. 2, S. 4.

67 Leisen: S. 231.

68 Leisen: S. 195f.

69 Hoffmann: S. 69.

70 Hoffmann: S. 126.

71 Hoffmann: S. 167.

72 Zirlewagen: S. 74.

Es ist ohnehin bemerkenswert, dass sich das deutsche Volksbewusstsein seit dem Zweiten Reich durch Ab- und Ausgrenzungsprozesse gegenüber anderen bildete.[73] So sah man beispielsweise in den Franzosen den „Erbfeind" und empfand sie als „weibisch". Es war folglich eine Selbstverständlichkeit, dass man das nach dem Weltkrieg verlorene Elsaß durch einen neuen Krieg dem verhassten Nachbarn wieder entreißen müsse.[74] Der Historiker Heinrich von Treitschke hatte schon Ende des 19. Jahrhunderts, um ein weiteres Beispiel zu geben, eine Abgrenzung von allem Westlichen gefordert.[75] Doch die Gruppe, welche am stärksten der Negativ-Definition per Ausgrenzung für die Völkischen diente, waren die Juden. Elisabeth Albanis sieht in der Überzeugung vom Überlebenskampf des „Ariers" gegen den Juden ein, wenn nicht das Hauptmerkmal der völkischen Überzeugung. Demnach stelle allein die bloße Existenz des Juden ein Hindernis auf dem Weg zur Erfüllung germanischer Bestimmung dar.[76] Innerhalb der Gedankenwelt Hitlers verband sich dieser Gedankengang mit religiösen Prädestinationsvorstellungen, die in dem Satz gipfelten: „Indem ich mich des Juden erwehre, kämpfe ich für das Werk des Herrn".[77] Ähnlich wie bei der fehlenden klaren Definition des Völkischen blieb auch der Gegensatz zum Juden vage. Über ein „wohl lebt in sehr vielen Deutschen das Bewusstsein, dass uns vom Juden nicht nur seine Religion, sondern noch etwas anderes, seine fremde Art, trennt",[78] kam man nicht hinaus.

Der Jude an sich bildete für die völkische Ideologie die Gegenidee zum Deutschen, und das in verschiedener Hinsicht. Als Erstes durch die angebliche Andersartigkeit, ganz gleich ob als Angehöriger eines anderen Volkes oder einer Religion. Zugleich dichtete man den jüdischen Menschen ein Bedrohungspotenzial an und betonte paradoxerweise ihre Angreifbarkeit als Opfer. Des Weiteren dienten die Juden als Projektionsfläche negativer Eigenschaften, wie eines ausgeprägten Konkurrenzdenkens, des Strebens nach Bereicherung, Liberalismus und Demokratie. Hoffmann stellt darüber hinaus die These auf, wonach die Juden hätten, was den Deutschen fehle: nämlich eine völkische Geschlossenheit, rassi-

---

73 Hoffmann: S. 187.

74 Leisen: S. 215.

75 Hoffmann: S. 188.

76 Albanis, Elisabeth: Anleitung zum Hass: Theodor Fritschs antisemitisches Geschichtsbild, Vorbilder, Zusammensetzung und Verbreitung, in: Bergmann, Werner/ Sieg, Ulrich [Hrsg.]: Antisemitische Geschichtsbilder, Essen 2009, S. 167-193, S. 189.

77 Hitler, Adolf: Mein Kampf, 484. Aufl. München 1939, S. 70.

78 Burschenschaftliche Blätter, 45. Jg., Nr. 12, August/September 1931, S. 277.

sche Reinheit und ein historisch hohes Alter.[79] Allerdings muten die beiden ersten Merkmale recht merkwürdig an.

Von den vagen Definitionen der Gemeinschaft aller Deutschen leitete sich auch ein großdeutsches Ideal ab, welches im Rahmen der Reichsgründung 1871 unverwirklicht geblieben war. So bildete das Streben nach einer großdeutschen Lösung einen weiteren Kernaspekt des völkischen Denkens. Dr. Karl Keck forderte in den Blättern der Philipps-Universität mit Blick auf Österreich: „Wir sind berechtigt, den Anschluß als Vollendung des Wegs der deutschen Geschichte zur staatlichen Einheit zu verlangen."[80]

Somit lassen sich an dieser Stelle zwei weitere Kennzeichen des Völkischen festhalten: der Antisemitismus und das Streben nach einer großdeutschen Lösung.[81] Die Anhänger dieses Lagers neigten nicht selten auch zu national-revolutionären Ansichten und sparten nicht mit Kritik am Kaiserreich. Die NSDAP propagierte den offenen Bruch mit der jüngsten Vergangenheit. 1925 hieß es im Völkischen Beobachter, man lehne die „jüdisch-materialistisch-nationalistische Epoche Wilhelms II. ab".[82] Dies schockierte wiederum konservative Kreise der Gesellschaft.[83] Darüber hinaus zeigte man im Lager der extremen Rechten auch offene Sympathie für die Morde an Rathenau und Erzberger. Man versuchte auch nicht seinen Hass auf Parlament, Verfassung und Parteien zu verhehlen, sondern bekannte sich offen dazu.[84] Aus völkischer Sicht handelte es sich bei dem demokratischen Staat von Weimar ohnehin um eine „Judenrepublik". Entstanden aus der Revolution, der man ebenfalls einen jüdischen Charakter gab, da sie von jüdischen Vordenkern, wie Marx, Lasalle, Bernstein oder Luxemburg, inspiriert war, die angeblich die Front während des Weltkriegs zum Zusammenbruch gebracht hatte.[85] Die „Dolchstoßlegende", eine Wortschöpfung des ehemaligen Befehlshabers der kaiserlichen Armee, von Hindenburg, wonach gemäß des Plans einer herbeifantasierten jüdischen Weltverschwörung die deutsche Wehrkraft zersetzt worden sei, war fest ins Weltbild der völki-

---

79 Hoffmann: S. 191-193.

80 Blätter der Philipps-Universität, Juni 1927, 2. Semesterfolge Nr. 1, S. 4.

81 Herbert, Ulrich: „Generation der Sachlichkeit", Die völkische Studentenbewegung der frühen zwanziger Jahre in Deutschland, in: Bajohr, Frank [Hg.]: Zivilisation und Barbarei: Die widersprüchlichen Potentiale der Moderne, Hamburg 1991, S. 115-145, S. 130.

82 Völkischer Beobachter vom 5./6.7.1925 „Der deutsche Student und der Nationalsozialismus."

83 Leisen: S. 196.

84 Leisen: S. 200f.

85 Lohalm: S. 181f.

schen Anhänger integriert und propagandistisch gegen den Staat in Stellung gebracht.[86] Aber anstatt diesen Radikalismus ernst zu nehmen, vermochte die Feindschaft gegenüber der Republik und deren Repräsentanten Konservative und Rechtsradikale gegen den gemeinsamen Feind zu vereinen.[87]

Dadurch wird deutlich, dass gerade die Feindbilder Demokratie, Judentum, Liberalismus, Parlamentarismus und Moderne einen Brückenschlag vom äußersten rechten Rand bis in die bürgerlich konservativen Schichten möglich machten. Die romantisierten Vorstellungen einer organischen, rassisch einheitlichen, von einem Führer gelenkten großen deutschen Volksgemeinschaft bildeten das Amalgam, welches nicht nur den harten Kern der Völkischen zusammenhielt, sondern gerade durch seine unscharfen Inhalte und zugleich klar bestimmten Gegner seine Breitenwirkung entfalten konnte. Denn

> es trifft die Wirklichkeit wenig, wenn die völkische Bewegung, [...] als Ausgeburt einiger verschrobener Professorengehirne dargestellt wird. [...] Ihre oft so papierenen Erzeugnisse hätten niemals diesen Erfolg haben können, wenn der Boden nicht bereitet gewesen wäre.[88]

Dass diese Einschätzung Mohlers zutrifft, wurde nur allzu deutlich in den Weimarer Jahren. Denn diesen Inhalten schlossen sich in besonderem Maße die Jungakademiker freiwillig an. Das völkische Mythengebilde wurde beispielsweise von der Deutschen Burschenschaft als Heilslehre gegenüber als zersetzend empfundenen rationalistisch-individualistischen Ideen verklärt.[89]

---

86 Lohalm: S. 177.

87 Leisen: S. 198.

88 Mohler: S. 137f.

89 Heither: Verbündete Männer, S. 189.

2 Der politisierte Student und der Antisemitismus

2.1 Die Gretchenfrage der Studenten - Wie hältst du's mit der Politik?

Bevor die politische Ausrichtung der Verbindungsstudenten untersucht wird, sei eine Vorbemerkung angebracht. Da es das erklärte Ziel dieser Arbeit ist, das verbindungsstudentische Milieu der Philipps-Universität während der Aufstiegsphase des Nationalsozialismus zu untersuchen, werden die Freistudenten, die sogenannten Finken, vernachlässigt. Zum einen stellten sie eine Minderheit unter den männlichen Studenten dar, da reichsweit während der Weimarer Republik 60 bis 66 % der Studenten Mitglied in einer Verbindung waren.[90] Die Marburger Universität wies um 1925 einen Korporiertenanteil von 66 % auf und befand sich damit am oberen Ende des Reichsdurchschnitts.[91] Folglich wurde die Wahrnehmung der Studenten in der Universitätsstadt primär durch die Couleurstudenten geprägt. Darüber hinaus sind die nicht korporierten Freistudenten bezüglich ihrer politischen Ausrichtung nur sehr schwer zu erfassen. Sofern sie sich nicht in hochschulpolitischen Gruppierungen organisierten, fehlen entsprechende Quellen. Selbst wenn Nicht-Korporierte sich politisch engagierten, sind die überlieferten Zeugnisse dieser Gruppen nicht selten von geringem Wert, wie im Fall der Sozialistischen Studenten-Gruppe Marburg.[92] Denn im Gegensatz zu Korporierten, die in ihrer Lebenswelt des Bundes eine entsprechende Struktur mit publizistischen Möglichkeiten in Form von Verbindungs- oder Dachverbandszeitungen, wie den Burschenschaftlichen Blättern oder der Academia hatten und haben, sind politische Überlegungen der Finken hauptsächlich auf private Quellen beschränkt.[93] Diese standen bei der Erarbeitung der vorliegenden Arbeit jedoch nicht zur Verfügung. Da über das Wahlverhalten der Immatrikulierten aus Mangel an demoskopischen Ergebnissen nur spekuliert werden könnte, erklärt sich daraus die Konzentration auf die Verbindungen. Doch auch in diesem Fall lässt sich das Wahlverhalten nicht eindeutig analysieren. Grüttner verdeutlich dies daran, dass sich nicht abschätzen lasse, wie viele Verbindungsstudenten

---

90 Chroust, Peter: Gießener Universität und Faschismus, Studenten und Hochschullehrer 1918 - 1945, Münster 1993, S. 115.

91 Zinn: Republik und Diktatur, S. 77.

92 Akte Sozialistische Studenten-Gruppe Marburg StAM 305a acc. 1954/16 Nr. 12.

93 Zinn: In Marburg ein Student. Anmerkungen zum Marburger Studentenleben in den zwanziger Jahren des 20. Jahrhunderts, in: Philipps-Universität Marburg zwischen Kaiserreich und Nationalsozialismus, S. 217-278, S. 241.

Nationalsozialisten waren, aber im Rahmen der Hochschulwahlen für Korporationslisten stimmten.[94] Aufgrund ihrer geringen Zahl und der Unmöglichkeit ihrer Mitgliedschaft in den untersuchten Verbindungen sind die Studentinnen ebenfalls ausgeklammert.

Festhalten lässt sich jedoch, dass 1925 rund 70 % der Sitze im Studentenparlament von Korporierten besetzt waren und Marburg unter die völkisch-nationalistischen Studentenschaften einzuordnen ist. Dass der Hochschulring Deutscher Art, eine Art hochschulpolitischer Dachverband des völkisch-nationalistischen Lagers, die einflussreichste Gruppe innerhalb des ASTA der Philipps-Universität stellte, belegt dies. Zudem herrschte ein national-konservativer Konsens mit der Hochschulleitung, welche die Politik der Studierenden duldete.[95] Nach 1925 nahmen die Mitgliederzahlen des Hochschulrings ab, der seine Vormachtstellung durch Selbstüberschätzung seiner Leitung verloren hatte.[96] Daher orientierten sich die Studenten stärker an den hochschulpolitischen Gruppen der Parteien.[97] Dennoch blieb die Hochschulringbewegung die stärkste politische Kraft unter den Studenten. Immatrikulierte, die sich im Ortskartell republikanischer Studenten organisierten oder Anhänger linker Gruppen waren, waren zahlenmäßig so schwach, dass sie keine Rolle spielten.[98]

Somit rücken die Studierenden mit Band, Mütze und Bierzipfel und ihre politische Orientierung wieder in den Fokus der Betrachtung. Zwar wollte die Mehrheit der Verbindungen ihrem Selbstverständnis nach unpolitisch bleiben, doch ließ sich dieser Anspruch in der neuen Wirklichkeit der Weimarer Republik nicht aufrechterhalten. So schreibt Georg Heer, Mitglied der Marburger Burschenschaft Arminia,[99] die Politisierung in den 1920er-Jahren unter den Studenten der Herabsetzung des Wahlalters auf 20 zu.[100] Diese Neuerung wurde zwar von Teilen der Studenten begrüßt,[101] aber gerade von den älteren Angehörigen der Ver-

94 Grüttner: S. 56.

95 Zinn: Republik und Diktatur, S. 94-97.

96 Landsmannschafter-Zeitung, 41. Jg., Heft 9, September 1927, S. 204.

97 Zinn: Republik und Diktatur, S. 134.

98 Zinn, Holger: Hochschulpolitik am Ende der Weimarer Republik am Beispiel Marburgs. Der NSDStB Marburg, sein Aufstieg und seine Bedeutung im hochschulpolitischen Spektrum bis 1933, in: Einst und Jetzt, Sonderdruck Band 54 (2009), S. 325-384, S. 332. Zinn: Republik und Diktatur, S. 138. Akte Sozialistische Studenten-Gruppe Marburg. StAM 305a acc. 1954/16 Nr. 12.

99 http://www.burschenschaftsgeschichte.de/gfbg.htm Zugriff am 19.5.2010.

100 Heer, Georg: Marburger Studentenleben 1527-1927. Eine Festgabe zur 400jährigen Jubelfeier der Universität Marburg, Marburg 1927, S. 178.

101 Bleuel/Klinnert: S. 61f.

bindungen oftmals abgelehnt. Ein Alter Herr der Marburger Landsmannschaft Hasso-Borussia äußerte 1924: „In diesem Alter ist der Student längst noch nicht reif für eine politische Betätigung und ich halte es für ein Verbrechen an ihm selbst, ihn in diesem Alter schon für eine bestimmte politische Richtung festzulegen."[102] Dabei gab es unter der Masse der Verbindungsangehörigen zunächst einen Konsens: Man war kaisertreu.[103]

Mit der neuen Staatsform konnte man sich trotz vereinzelter Versuche der Partizipation nicht identifizieren. Denn der schwerwiegende Prestigeverlust nach dem Zusammenbruch im November 1918 wurde der neuen Staatsform und ihren Repräsentanten zugeschrieben. Das korporationsstudentische Selbstverständnis als der Elite des Staates wurde im Gegensatz zur realen Erfahrung in den Verbindungen weiter gepflegt.[104] Die Hintergründe der Kriegsniederlage, die den „Geburtsfehler" der Republik darstellten, konnten umso leichter ausgeklammert werden, da die „Dolchstoßlegende" die Sündenböcke in Form von Juden und Marxisten lieferte. Bestärkt durch die Alten Herren, welche dem Kaiserreich nachtrauerten, wandten sich die Aktiven zunehmend von der Weimarer Republik ab.[105]

Jedoch traten deutliche Differenzierungen zwischen den einzelnen Dachverbänden zutage, wie sich in Kapitel 4 dieser Arbeit noch zeigen wird. Insgesamt waren die Burschenschaften, Landsmannschaften, Turnerschaften und die Angehörigen der Vereine Deutscher Studenten tonangebend und prägten die Ansichten innerhalb der Studentenschaft.[106]

---

102 Hessen-Preussen Zeitung, 27. Jg., 25.9.1924, S. 32. Weitere Beispiele der bemüht unpolitischen und Parteien ablehnenden Haltung: Academia, 38. Jg., Nr. 6/7, 15.11.1925, S. 147-148. Burschenschaftliche Blätter. 44. Jg., Nr. 2, November 1929, S. 28-30. Burschenschaftliche Blätter, 45. Jg., Nr. 12, August/September 1931, S. 295. Akademische Blätter, 39. Jg., 15.12.1924, S. 144. Zwar gab es auch vereinzelte Stimmen unter den Alten Herren in den unterschiedlichen Dachverbänden, doch blieben diese in der Minderheit.

103 Kater: S. 25.

104 Heither, Dietrich/ Lemling, Michael: Die studentischen Verbindungen in der Weimarer Republik und ihr Verhältnis zum Faschismus, in: Elm, Ludwig/ Heither, Dietrich/ Schäfer, Gerhard (Hg.): Füxe, Burschen, Alte Herren. Studentische Korporationen vom Wartburgfest bis heute, Köln 1993, S. 92-157, S. 95.

105 Schäfer, Gerhard: Studentische Korporationen im Übergang von der Weimarer Republik zum deutschen Faschismus, in: Zeitschrift für Sozialgeschichte des 20. und 21. Jahrhunderts. (3.Jahrgang, Heft1) 1988, S. 104-129, S. 112.

106 Heither, Dietrich: Gegner der Weimarer Demokratie, in: Heither, Dietrich/ Gehler, Michael/ Kurth, Alexandra/ Schäfer, Gerhard: Blut und Paukboden.

Adolf Leisen gibt in seiner Arbeit über die Ausbreitung des völkischen Gedankens im akademischen Milieu einen kurzen, allgemeinen Überblick über die politische Ausrichtung der auch in Marburg vertretenen Dachverbände. So waren die Bünde der Deutschen Burschenschaft, dem damals größten studentischem Verband,[107] in ihrer Enttäuschung über den Versailler Vertrag und die Republik ins völkische Lager gewechselt, und ab 1924 fiel ihren Vertretern innerhalb dieses Milieus häufig eine Führungsrolle zu.[108] Somit begannen burschenschaftliche und völkische Ideale, geeint in der Abneigung gegen den Staat, zu verschmelzen. Die Landsmannschaften standen ebenfalls völkischen Ideen nahe und legten dabei ihren Schwerpunkt auf die Pflege des Auslandsdeutschtums gemäß einem großdeutschen Ideal. Weiterhin war ihnen die Wahrung des Ehrgefühls und der Wehrhaftigkeit wichtig.[109]

Die Corps, welche den Anspruch weltanschaulicher Neutralität an sich stellten, gaben sich auch gegenüber der neuen Regierung entsprechend harmlos und konservativ.[110] Doch hatten die Corpsstudenten offensichtlich ihre eigene Definition von Konservatismus und Neutralität. Denn auch sie hatten keinerlei Berührungsängste gegenüber dem völkischen Geist, der mit seinem Gedankengut durch Mitteleuropa wehte. Folglich arbeitete man auf hochschulpolitischer Ebene mit solchen Gruppen zusammen, auch wenn man nicht deren revolutionären Habitus teilte.[111] Offensichtlich hatten die damals im akademischen Milieu kursierenden Schriften von Gobineau und Chamberlain zusammen mit der Lehre Darwins die Herausbildung des rassischen Antisemitismus auch unter dem selbst erklärten „Adel“[112] der Studenten ihre Wirkung entfaltet.[113] Im Gegensatz zu den vorher genannten Dachverbänden wandten sich die Corps nach den Unruhen des Jahres 1923 vom extremen rechten Lager ab, was der Austritt vieler Corps aus dem Hochschulring Deutscher Art dokumentieren soll, wie bei Rolf-Joachim Baum zu lesen ist.[114]

Eine Geschichte der Burschenschaften. Frankfurt am Main 1997, S. 77-112, S. 79.

107 Landsmannschafter-Zeitung, 44. Jg., Heft 5, Mai 1930, S. 113.

108 Leisen: S. 108ff.

109 Leisen: S. 105f.

110 Leisen: S. 101.

111 Leisen: S. 103.

112 Leisen: S. 102.

113 Baum, Rolf-Joachim: Zwischen nationaler Pflicht und nationalistischer Verführung - Studentenschaft und Kösener SC-Verband zwischen 1914 und 1933, in: Baum, Rolf-Joachim [Hg.]: „Wir wollen Männer, wir wollen Taten!“ Deutsche Corpsstudenten 1848 bis heute, Berlin 1998, S. 135-180, S. 143.

114 Baum: Kösener SC-Verband, S. 161f.

Es ist allerdings anzumerken, dass solche Austritte nicht zwangsläufig aus ideologischen Gründen erfolgen mussten, sondern möglicherweise auch bloße organisatorische Ursachen dahinter stecken konnten. Skepsis und Vorsicht sind bei der Arbeit Baums angebracht, da seine Publikation die Festschrift zum 150-jährigen Bestehen des Kösener Senioren-Convents-Verbandes ist und im Auftrag desselbigen und des Verbandes Alter Corpsstudenten veröffentlicht wurde.[115] Entsprechend wohlwollend fällt die Darstellung der Rolle der Corps während dieser Zeit aus.

Die auch in Marburg vertretenen katholischen Dachverbände, sowohl der Cartellverband katholischer deutscher Studentenverbindungen (CV) als auch der Kartellverband der katholischen Studentenvereine (KV), hoben sich von den bisher erwähnten Organisationen ab. Denn die beiden katholischen Überorganisationen stellten den christlichen Glauben ins Zentrum ihres Selbstverständnisses, und besonders der CV distanzierte sich scharf von Hitlers Bierkellerrevolte 1923.[116] Daraus lässt sich aber bei Weitem noch keine pro-republikanische, tolerante Gesinnung ableiten. So distanzierte sich der KV nicht von rechtsradikalem Gedankengut, und der CV vollzog einen Schlingerkurs gegenüber den Anhängern der völkischen Weltanschauung. Einerseits ging der CV auf Distanz zur an Boden gewinnenden Rassenideologie, andererseits duldete man jedoch die Kooperation mit entsprechenden völkisch antisemitischen Organisationen.[117] „In politischer und gar parteipolitischer Beziehung sind wir keineswegs ein einheitliches schlagfertiges Heer".[118] Mit diesen Worten brachte es ein CVer in der Academia 1930 auf den Punkt. Die konsensbildenden Punkte waren auch für die Verbindungsstudenten des katholischen Milieus großdeutsches Gedankengut sowie die Ablehnung von Sozialismus und Sozialdemokratie. Dadurch war bei beiden katholischen Dachverbänden die rechte Flanke weit geöffnet. Einzige weiche Einschränkung war, dass man nicht mit revolutionären Gruppierungen zusammenarbeiten wollte.[119] Doch wer sollte in den politisch turbulenten Zeiten, in denen sich ständig neue ideologische Strömungen bildeten und wieder versiegten, objektiv beurteilen können, wo diese Grenze verlief? Letztlich boten die Ablehnung von Sozialismus, Internationalismus und gleichzeitige Verklärung des Vaterlandes die Möglichkeit zum Brückenschlag zwischen Völkischen und Katholiken.

---

115 Baum: Kösener SC-Verband, Siehe Innenseite.

116 Leisen: S. 91f.

117 Leisen: S. 94.

118 Academia, 43. Jg. Nr. 1, 15.5.1930, S. 12.

119 Academia, 43. Jg. Nr. 1, 15.5.1930, S. 14.

Somit ist Leisen in seinem Urteil zuzustimmen, wonach die Studenten in ihren Verbindungen in den Jahren 1924 bis 1927 zunehmend völkisch geprägt wurden. Zwar bildeten sie auf diese Weise ein politisch gegen die Republik gerichtetes Milieu, doch waren die Bünde der verschiedenen Dachverbände keineswegs ein geschlossener Block, wie Leisen richtig herausstellt.[120]

Die Rechtslastigkeit der Dachverbände, der Antisemitismus der Aktivitates vor Ort und der Geist der Hochschullehrer, die dem vergangenen Kaiserreich nachtrauerten und der Republik ablehnend gegenüberstanden, zeichnen das Bild eines rückwärts gewandten Marburger Bildungsbollwerks, das dem Weimarer Staat skeptisch bis offen ablehnend gegenüberstand.[121] Die Verfassungsfeiern der Weimarer Republik legen anschaulich dar, wie schwer es war, von den Korporierten zumindest eine Respektsbekundung für den Staat zu erhalten. Da die örtlichen Verbindungen im Vorfeld der Verfassungsfeier des Jahres 1930 ihr Fernbleiben kommuniziert hatten, schrieb der damalige Rektor Helm „in schmerzlicher Sorge um das Wohl unserer Universität und unserer Studenten als alter Korporationsstudent" an die Bünde. Er ermahnte sie, dass ihre Abwesenheit von der Öffentlichkeit als Ablehnung des Staates gedeutet würde und sie dadurch auch ihren Gegnern in die Hände spielten. Letzten Endes konnten durch das Eingreifen des Rektors 18 Bünde zum Chargieren bewegt werden, von 14 Verbindungen erhielt er Absagen. Dass die teilnehmenden Bünde aus republikanischer Überzeugung handelten, ist unter den Umständen auszuschließen. Der Schwarzburgbund Frankonia betonte seine Distanz zu den Parteien und die Teilnahme aus „Verantwortungsgefühl", und die katholische Burschenschaft Askania gab ganz offen zu, aus „taktischen Gründen" erschienen zu sein. Ungeachtet der Absagen, sah die Hochschulleitung von Konsequenzen für die jeweiligen Verbindungen ab.[122]

2.2 Der Antisemitismus an der Universität

Die unter den Studenten offen zur Schau gestellte Judenfeindschaft, die ein fester Bestandteil ihres politischen Weltbildes war, stellte keineswegs eine temporäre Erscheinung der 1920er-Jahre dar. Vielmehr handelte es

---

120 Leisen: S. 259. Letzteres wird im Bezug auf den Nationalsozialismus nur zu deutlich. Siehe dazu Kapitel 4 dieser Arbeit.

121 Das Beispiel Erlangen zeigt jedoch, dass es sich dabei nicht um eine Situation handelte, die exklusiv für Marburg galt. Franze, Manfred: Die Erlanger Studentenschaft 1918-1945, Würzburg 1972, S. 114.

122 Senatszeitung vom 01.08.1930 und Schreiben des Rektors und die Antworten der Korporationen siehe: Akte Rektor Verfassungsfeier 1930 StAM 305a acc. 1975/79 Nr. 477.

sich dabei um eine unsägliche Tradition innerhalb eines Teils des akademischen Milieus, die sich seit dem 19. Jahrhundert herausgebildete hatte. Seit dem „Berliner Antisemitismusstreit", ausgelöst durch den Historiker Heinrich von Treitschke kurz nach Gründung des Zweiten Reiches, war die Judenfeindschaft nicht mehr bloßer primitiver „Radauantisemitismus", sondern hatte durch von Treitschke quasi intellektuelle Legitimation erhalten. Abgesehen davon war ein christlicher Antijudaismus schon im Kaiserreich tief verwurzelt und wurde von den Kirchen noch bestärkt.[123] Er war fester Bestandteil des damaligen Humorverständnisses[124] und auch publizistisch ein Dauerthema, wie eine Vielzahl von Veröffentlichungen zur „Judenfrage" beweisen.[125]

Die Gegnerschaft zu Menschen jüdischen Glaubens wurde dem Nachwuchs schon vermittelt, lange bevor dieser nur im Geringsten an berufliche Konkurrenz durch sie denken konnte. Denn „die Schule stellte in der Weimarer Republik keinen politischen Schonraum dar".[126] Ab der frühen Schulzeit impfte man den Kindern die angebliche Fremdartigkeit des Juden ein. In einem solchen Geist erzogen, setzte sich die Haltung auch an den Universitäten innerhalb der Studentenschaft durch. Der Grundstein für die Wendung von Teilen der deutschen Jugend ins völkische Lager wurde also schon früh gelegt. Wie George L. Mosse treffend urteilt, wurden die Bildungsanstalten Deutschlands zu einem „bulwark of the German nationalistic spirit."[127]

Auch wenn aus den untersuchten Marburger Quellen nicht hervorgeht, dass es auch in Marburg zu gewalttätigen Übergriffen auf jüdische Studenten durch ihre Kommilitonen kam, wirft der Umstand, dass es sie reichsweit gab, ein bezeichnendes Licht auf das Klima an den höchsten Bildungseinrichtungen.[128] In der Universitätsstadt an der Lahn griffen beispielsweise die Mediziner im November 1919 zu einer „eleganteren" Lösung. Nur nachweislich arische Vorkliniker durften Mitglieder der Vorklinikerschaft werden.[129] Dieses Klima blieb der Presse nicht verborgen. So wurden im Hessischen Tageblatt beispielsweise 1929 Antisemi-

---

123 Hopp, Andrea: Zur Medialisierung des antisemitischen Stereotyps im Kaiserreich, in: Bergmann, Werner/ Sieg, Ulrich [Hrsg.]: Antisemitische Geschichtsbilder, Essen 2009, S. 23-39, S. 28.

124 Hopp: S. 31.

125 Hopp: S. 23.

126 Lohalm: S. 163.

127 Mosse, George L.: The crisis of German Ideology. Intellectual origins of the Third Reich, New York 1964, S. 267f.

128 Bleuel/Klinnert: S. 131f.

129 Lohalm: S. 165.

tismusvorwürfe gegen die Studenten erhoben.[130] Um nicht bloß plattesten Antisemitismus zu propagieren, bemühten sich Hochschullehrer, ihn durch naturwissenschaftliche Beweisführungen zu untermauern. Unter den Universitätslehrern des Faches Biologie hatten sich schon seit dem späten Kaiserreich sozialdarwinistisch-rassistische Ideen ausgebreitet,[131] welche den Weg zur rassisch motivierten Judenfeindschaft bereiteten. Der wissenschaftliche Anstrich und damit die intersubjektive Überprüfbarkeit, die Grundvoraussetzung jeglicher Wissenschaftlichkeit, sollten beispielsweise durch den Zoologen Professor Plate an der Universität Jena erbracht werden. In seinen Vorlesungen über Entwicklungsgeschichte wie auch über menschliche Entwicklungslehre vertrat er offen antisemitisches Gedankengut und propagierte die so genannte „Rassenhygiene" als Mittel der Abgrenzung gegenüber den Juden, indem sich Deutsche nicht mit ihnen vermischen sollten. Zwar wurde er für seine antisemitischen Ausführungen 1923 angezeigt, aber freigesprochen.[132]

Wie tief die Judenfeindlichkeit unter den Dozenten wirkte, wird daran deutlich, dass sie akademischen Laufbahnen förderlich sein konnte. So erkundigte sich ein Wiener Historiker über die Haltung des Marburger Chemikers Thiel gegenüber Judentum und linken Parteien, um sicherzugehen, dass er mit ihnen nicht verbunden ist. Gesinnung ging vor fachliche Kompetenz.[133] Der Marburger Historiker Stengel erkundigte sich in ähnlicher Angelegenheit, ob ein möglicher neuer Kollege „Rückgrat" habe „gegen semitische Expansion"[134] im Fachbereich der Geschichte.

Im Zuge des um sich greifenden Antisemitismus an den Hochschulen kam es zu Kontakten zwischen Dozenten und außeruniversitären antisemitischen Kreisen. Die Früchte dieser Verbindungen reiften schon 1925 auf dem Deutschen Akademikertag, als ein Antrag auf Aufnahmestopp jüdischer Dozenten und einen Numerus Clausus für jüdische Studenten gestellt wurde, der aber noch nicht mehrheitsfähig war.[135] Aus einem derartigen Geist entwickelten sich in der Folge radikalere Forderungen.[136] Trotz dieser Umstände vertritt Hammerstein die Ansicht, dass

---

130 Hessisches Tageblatt vom 12.7.1929, „Nationalistische Studentenschaft", StAM 305a Acc. 1950/9 Nr. 585, Blatt 25.

131 Heither, Dietrich: Verbündete Männer, S. 174f.

132 Bleuel/Klinnert: S. 142f.

133 Nagel, Anne Chr. [Hg.]: Die Philipps-Universität Marburg im Nationalsozialismus, Stuttgart 2000, S. 96f.

134 Nagel: S. 95.

135 Hammerstein: Antisemitismus, S. 88.

136 Hammerstein: Antisemitismus, S. 83.

der Antisemitismus nicht an der deutschen Hochschule zu Hause gewesen, sondern von außen in sie hineingetragen worden sei. So versuchten entsprechend eingestellte Teile der Presselandschaft in den 1920er-Jahren das Bild einer jüdisch unterwanderten Hochschule zu zeichnen. Das Entscheidende für die Entwicklung im akademischen Sektor war jedoch, dass sowohl Dozenten als auch Studenten den Antisemitismus willig aufnahmen.[137] Man könnte auch sagen, bestehende Ressentiments wurden bestärkt und die Presseberichte als Vorlagen zur Radikalisierung genutzt.

Wie in Teilen der Hochschullehrerschaft äußerte man auch im korporierten Milieu ganz offen, dass der Antisemitismus die „naturnotwendige Reaktion aller gesunden Völker, die durch das Schicksal zu einem Zusammenleben mit dem in der ganzen Welt verstreuten Judentum gezwungen sind"[138] sei. Doch nicht nur die Burschenschaften traten offen antisemitisch auf. Auch innerhalb der katholischen Verbindungen gab es diesbezügliche Äußerungen auch aus Marburg. „Die Verjudung der deutschen Wissenschaft ist ein so offensichtlicher Prozeß, von dem wir sowohl als Katholiken wie als Deutsche nur das Allerschlimmste befürchten können".[139]

Schon seit 1914 gab es, Heither zufolge, einen regelrechten Wettstreit unter den Korporationen darum, wer einen besonders radikalen Antisemitismus vertrat. Man brüstete sich damit, wenn die eigene Korporation eine besonders lange judenfeindliche Tradition hatte und konstruierte Unvereinbarkeiten zwischen Judentum und Werten wie Ehre, Freiheit, Vaterland, den Leitbegriffen der Deutschen Burschenschaft.[140] Im Rahmen dieses Prozesses etablierten sich vor dem Hintergrund des Ersten Weltkriegs die Stereotypen des Juden als „Kriegsgewinnlers, Drückebergers, Linken oder Revolutionärs".[141] Erweitert wurden diese Anschuldigungen während der Weimarer Republik noch um den Vorwurf, Juden seien führend im Mädchenhandel.[142] Dabei zeigte sich der Antisemitismus ganz offen im Gewand vulgärer Propaganda.[143] Außer der Suche nach einem Sündenbock für die Kriegsniederlage 1918 spielte aber auch die als Bedrohung empfundene wachsende Zahl sogenannter „Ostju-

---

137 Hammerstein: Antisemitismus, S. 95.

138 Burschenschaftliche Blätter, 45. Jg., Nr. 12, August/September 1931, S. 279.

139 Auszug aus der Zeitschrift Marburger Palate, in: Festschrift zum 80. Stiftungsfest der KDStV Palatia im CV zu Marburg, Marburg 1987, S. 63.

140 Burschenschaftliche Blätter, 45. Jg., Nr. 1, Oktober 1930, S. 3.

141 Heither: Verbündete Männer, S. 198.

142 Burschenschaftliche Blätter, 45. Jg., Nr. 12, August/September 1931, S. 278.

143 Leisen: S. 209f.

den" in Deutschland eine Rolle. Die als „wesensfremd" empfundenen jüdischen Bürger wurden nun noch verstärkt als berufliche Konkurrenz wahrgenommen.[144] Dabei bezogen sich die zeitgenössischen Autoren auf nicht näher genannte „Schäden, die besonders durch eingewanderte ‚Ostjuden' hervorgerufen wurden." Nach dem Vorbild der österreichischen Verbindungen lehnten nun auch die reichsdeutschen Bünde zunehmend die Aufnahme von Juden ab, auch von getauften Juden.[145] Damit war der Schritt zum rassischen Antisemitismus vollzogen.

Die Verbindungen stellten ihre diesbezüglichen Ansichten dadurch offen zur Schau, dass sie ihre Abneigung gegenüber jüdischen Verbindungen beim Chargieren im Rahmen offizieller Feiern und Paraden vor der Öffentlichkeit präsentierten.[146] Diese Form der Geringschätzung stand dabei Korporationen jeglicher Couleur zur Verfügung. Die schlagenden Bünde gingen auf eine ihrem Brauchtum entsprechend bedeutendere Art und Weise noch weiter. Sie verweigerten jüdischen Studenten die Satisfaktion. Der Allgemeine Deutsche Waffenring (ADW) versagte jüdischen Korporationen 1919 ganz offiziell die Satisfaktionsfähigkeit und schloss sie aus dem Waffenring aus.[147] Dies war für die Waffenstudenten mosaischen Glaubens ein schwerer Schlag. Denn die Mitgliedschaft in einem schlagenden Bund gab ihren Angehörigen Selbstvertrauen und Stolz sowie die Möglichkeit, ihre Ehre zu verteidigen.[148] Der Kartell-Convent, der Dachverband schlagender jüdischer Verbindungen, hatte sich dementsprechend durch sein Bestehen bemüht, gegen den Antisemitismus vorzugehen.[149]

Angesichts der häufig auftretenden Anfeindungen bot sich seinen Angehörigen durch Fechtpartien die Möglichkeit, ihre Wehrhaftigkeit und ihren Mut zu beweisen. Es ist daher nicht verwunderlich, dass jüdische Studenten hofften, durch Mensuren und Forderungen dies zeigen zu können, was sogar so weit führen konnte, dass man ihnen Aggressivität unterstellte.[150] Verständlich wird die Bedeutung dieses Aspektes nur dadurch, wenn man bedenkt, dass „Wehrhaftigkeit" und „Schneid" Tugenden des Waffenstudententums waren. Folglich konnte ein „unschnei-

144 Leisen: S. 205.

145 Auch vorangehendes Zitat in Heer: Marburger Studentenleben, S. 184.

146 Bleuel/Klinnert: S. 168f.

147 Rürup, Miriam: Ehrensache. Jüdische Studentenverbindungen an deutschen Universitäten 1886-1937, Göttingen 2008, S. 200.

148 Rürup: S. 175.

149 Bleuel/Klinnert: S. 170f und Statuten der Hassia Marburg: StAM 305a acc. 1954/16 Nr. 38, Blatt 4.

150 Rürup: S. 206.

diges" Auftreten den Ehrverlust nach sich ziehen.[151] Man beraubte die jüdischen Studenten somit der Gelegenheit, sich standesgemäß Respekt zu verschaffen. So blieb als letztes Mittel, um Satisfaktion zu erhalten, oft nur die Prügelei.[152]

Auch in Marburg gab es eine jüdische Verbindung, die sich einem feindlich gesinnten korporierten Milieu gegenübersah. Passenderweise lautete ihr Wahlspruch „Viel Feind, viel Ehr!"[153] So empfanden die im Blickfeld dieser Arbeit stehenden Marburger Korporierten die 1919 gegründete farbentragende und unbedingte Satisfaktion gebende jüdische Verbindung Hassia als Störfaktor in ihrem Umfeld. Das begann bereits bei den Farben der Hassia, Violett-Weiß-Gold. So monierte die Burschenschaft Sigambria, die Couleur hätte eine zu große Nähe zu ihren Farben, Rot-Weiß-Gold. Man fürchtete aufseiten Sigambrias offensichtlich, mit den jüdischen Hessen verwechselt zu werden, was es zu vermeiden galt. Dass es damals geradezu als beleidigend galt, einen Juden in den eigenen Reihen zu haben, macht ein Blick in die Burschenschaftlichen Blätter deutlich.[154] Im Januar 1920 unterstützten die Landsmannschaft Hasso-Guestfalia, Farben Blau-weiß-Gold, und die Freie Burschenschaft Irminsul, Rot-Weiß-Gold, die Beschwerden Sigambrias.[155] In ihrem Schreiben weist die Landsmannschaft darauf hin, dass es in der Vergangenheit aufgrund der Ähnlichkeit der Farben zu „peinlichen Vergleiche[n]" [156] gekommen sei. Der Farbenstreit gibt einen Eindruck davon, wie sehr man um Abgrenzung zu jüdischen Verbindungen bemüht war. Georg Heer schreibt knapp zum Stand Hassias in Marburg: „Sie wurde von den übrigen Korporationen mit allen Mitteln bekämpft".[157] Dabei stand diese jüdische Verbindung wie ihr Dachverband, der Kartell-Convent, „auf dem Boden deutschvaterländischer Gesinnung."[158] Doch machte dies für die Antisemiten keinen Unterschied.

Diese ständigen Anfeindungen sorgten auf der Seite der jüdischen Korporierten für eine hohe Sensibilität und zuweilen für Übersensibilität. Dies verdeutlicht der offizielle Schriftverkehr um eine angebliche Belei-

---

151 Rürup: S. 201-203.

152 Rürup: S. 200.

153 Statuten der Hassia: StAM 305a acc. 1954/16 Nr. 38, Blatt 4.

154 Burschenschaftliche Blätter, 43. Jg., Nr. 2, Winter-Halbjahr 1928/29, S. 26.

155 Rürup: S. 246. Für die Farben der Verbindungen siehe Heer: Marburger Studentenleben 1527-1927, S. 207f.

156 Schreiben der L! Hasso-Guestfalia an den Rektor: StAM 305a acc. 1954/16 Nr. 38, Blatt 27.

157 Heer: Marburger Studentenleben, S. 179.

158 Statuten der Hassia: StAM 305a acc. 1954/16 Nr. 38, Blatt 4.

digung eines Angehörigen der Hassia durch einen Primaner. Dieser hatte laut gehustet, während ein Marburger Hesse mit Kopfcouleur an ihm vorbeiging. Der korporierte Jude meinte eine Beleidigung vernommen zu haben, worauf er den Primaner beleidigte. Das brachte ihm Monate später eine Bestrafung durch die Universitätsleitung ein.[159]

Der Druck auf diese konfessionelle Korporation muss so groß gewesen sein, dass sie sich innerhalb von knapp drei Jahren suspendierte. Dabei war sie im Sommersemester 1919 mit 17 Mitgliedern gegründet worden. Doch schon im Winter 1920/21 konnte sie nur noch drei Mitglieder in Marburg an die Universitätsleitung melden. Folglich erklärte sie am 31. März 1922 ihre Suspension.[160]

---

159 Schriftverkehr Gymnasialdirektor mit Universitätsleitung: StAM 305a acc. 1954/16 Nr. 38, Blatt 15, 30, 35.

160 Schreiben der Hassia an den Rektor: StAM 305a acc. 1954/16 Nr. 38.

3 Der Nationalsozialismus in Marburg

3.1 Die NSDAP Ortsgruppe Marburg

An etablierte antisemitische Überzeugungen konnte der Nationalsozialismus in der mittelhessischen Provinz nur allzu leicht anknüpfen. Vorarbeit geleistet hatte schon, wie erwähnt, um die Jahrhundertwende der Reichstagsabgeordnete Böckel, der für seine Haltung in der Festschrift der Marburger NSDAP als „Begründer des politischen Antisemitismus in Hessen"[161] gelobt wird. Folglich ist es wenig verwunderlich, dass man in Marburg empfänglich war für die völkische Ideologie.

Gegründet wurde die Marburger Ortsgruppe im Mai 1923 von zwölf Personen, die „Mitglieder des damals sehr in Blüte stehenden Jungdo"[162] waren. Zu diesem Zeitpunkt war sie nicht die einzige rechtsradikale Organisation vor Ort. Schützenhilfe bekam die Hitlerpartei dabei vor allem von der Deutschvölkischen Freiheitspartei.[163] Dass man sich durch staatliche Verbote nicht in seinem Wirken einschränken ließ, zeigte sich in der Zeit nach dem gescheiterten Putschversuch 1923. Die schon in Kapitel 1.1 erwähnte Tarnorganisation der Nationalsozialisten, die unter dem Namen „Völkisch Sozialer Block" während der Verbotszeit 1924 zu den Reichstagswahlen antrat, erreichte knapp 18 % in Marburg.[164] Das Feld für kommende Erfolge der NS-Ortsgruppe Marburg war fruchtbar.

Geprägt war die lokale Partei durch einen besonders hohen Anteil von Studenten. Im Gegensatz zur sonst üblichen mittelständischen oder bürgerlichen Prägung, was die Mitglieder betraf,[165] blieb Marburg auch in diesem Punkt seinem Ruf als Hochschulort treu. In ihrer Auswertung des Zahlenmaterials weist Rosemarie Mann darauf hin, dass 1930 die Studenten 20 % der Marburger Parteigenossen ausmachten.[166] Es ist zudem bemerkenswert, dass ab 1928 der Jurastudent Hans Krawielitzki Leiter der Ortsgruppe war. Ebenso stand der Marburger SA-Sturm Nr. 4 mit seinen 27 Mitgliedern zeitweise unter der Leitung eines Studenten,

---

161 Heinze, Fritz: Dr. Otto Böckel und die Anfänge des Antisemitismus im Kreise Marburg, in: NSDAP Marburg, S. 13-14, S. 13.

162 NSDAP Marburg, S. 15. Anmerkung des Autors: Jungdo ist die Abkürzung für den Jungdeutschen Orden, einer ordensmäßig aufgebauten politischen Kampftruppe, die sich im Verlauf der Weimarer Republik jedoch dem demokratischen Spektrum annäherte. Siehe: Mohler: S. 43.

163 Mann: S. 294.

164 Mann: S. 291.

165 Seier: S. 573.

166 Mann: S. 297 und NSDAP Marburg: S. 33.

Wilhelm Kilian.[167] Auch auf dem Gebiet der Propaganda waren die Studenten ein wichtiger Faktor, gerade in personell schwierigen Phasen wie nach dem Weggang des bisherigen Ortsgruppenführers Fleischmann. In dieser Zeit, dem Sommer des Jahres 1927,[168] konnten die Sprechabende der Partei aufrechterhalten werden, da Studenten als Redner fungierten.[169] Mit Wolfgang Bergemann tat sich ein Student als besonders eifriger Redner hervor; er war zudem als Autor der Zeitung Der Sturm aktiv.[170] Laut Parteipublikation soll der Politikstudent 1928 auf 93 von insgesamt 159 Veranstaltungen der NSDAP gesprochen haben.[171] Das würde bedeuten, dass in diesem Jahr alle zwei bis drei Tage eine Parteiveranstaltung stattgefunden hätte. Obwohl diese Zahl auf den ersten Blick unglaublich hoch erscheint, scheinen die nationalsozialistischen Marburger Parteigenossen eine enorme Aktivität an den Tag gelegt zu haben. So gibt Wolfgang Bergemann in der NSDAP Festschrift an, dass im Rahmen des Wahlkampfes 1928 in zwei Monaten 60 Versammlungen von der Ortsgruppe abgehalten worden seien, wobei die Propagandatermine nicht nur auf Marburg beschränkt blieben, was wohl bald zu einem Überdruss der Zuhörer geführt hätte. Bergemann und seine Mitstreiter agierten auch in den Kreisen Kirchhain, Frankenberg und Biedenkopf.[172]

1929 wurden, wie man sich in der parteieigenen Schrift zum Jubiläum der Marburger Parteigruppe rühmte, 180 Veranstaltungen abgehalten, und auch 1930 legte man diesbezüglich den Schwerpunkt der Aktivitäten.[173] Zu diesem Zweck bemühte sich die örtliche Parteileitung, berufsspezifische Abende, wie Beamtenabende, Mittelstandskundgebungen und Studentenabende, abzuhalten sowie prominente Redner in die Provinz einzuladen. So bewarb man beispielsweise im Januar 1931 einen Vortragsabend der SA mit dem SA-Führer von Fichte, zuständig für das Rheinland, Westfalen, Hessen-Nassau, Hessen-Darmstadt und das Saar-

---

167 Mann: S. 296.

168 NSDAP Marburg: S. 20.

169 NSDAP Marburg: S. 25.

170 Beispielsweise war er der Autor des Artikels „Kommunisten schlagen in Göttingen deutsche Arbeiter und Studenten nieder!" In: Der Sturm. Nationalsozialistisches Kampfblatt für Kurhessen und Waldeck vom 10. Mai 1930.

171 NSDAP Marburg: S. 29. Nach dem Weggang Bergemanns aus Marburg nahm die Zahl der Parteiversammlungen deutlich ab. Koshar: Social Life, S. 189.

172 Bergemann, Wolfgang: Streiflichter aus der Kampfzeit, in: NSDAP Marburg, S. 21-25, S. 23.

173 NSDAP Marburg: S. 31.

gebiet.[174] Diese Abende gestalteten die nationalsozialistischen Werber mit Darbietungen, Aufmärschen oder Filmen,[175] wodurch sie die Zuhörer unterhielten und zugleich für ihre Politik warben.[176]

Im Rahmen dieser Propagandainszenierungen kam erstaunlich wenig Kommunalpolitik zur Sprache. Vielmehr bemühten sich die Redner, ihre Zuhörer durch allgemein gehaltene politische Themen für ihre Weltanschauung zu gewinnen.[177] Wie sich noch zeigen wird, kennzeichnete dies auch die Propaganda des hochschulpolitischen Ablegers der nationalsozialistischen Bewegung.

Angesichts der Veranstaltungszahlen, die den hohen zeitlichen Einsatz der Parteiangehörigen erahnen lassen, stellt sich die Frage, wie dies für den Einzelnen möglich war. Denn es waren nicht alle Studenten, die nach nächtlichem Politeinsatz ausschlafen konnten. Für die Werktätigen unter den Mitgliedern war diese außerberufliche Tätigkeit mit einer hohen Belastung verbunden. Laut offizieller eigener Geschichtsschreibung war ihnen jedoch das Bewusstsein, für „den Führer und Deutschland" arbeiten zu dürfen „noch der schönste Lohn".[178] Gemäß dieser Quelle muss folglich von einer Gruppe äußerst engagierter politischer Anhänger ausgegangen werden, die für ihre Überzeugungen einen hohen Einsatz zeigten. Laut Koshar war der Aktivismus eine existenzielle Frage, die das politische Überleben sicherte. Anders wäre es nicht gelungen, mit einer unterfinanzierten Organisation am Rande der Bedeutungslosigkeit doch zum Erfolg zu kommen.[179] Dieser Arbeitseifer der Parteigenossen sollte nicht vergeblich sein. Die Reichstagswahl am 14. September 1930, die der NSDAP reichsweit einen überragenden Erfolg bescherte, brachte sie auch in Hessen weit über den Status einer Splitterpartei hinaus, den sie 1929 noch besessen hatte.[180] In Marburg erreichte sie 22,2 % und im Landkreis sogar 33,2 % der Stimmen.[181] Wie die angefügte Statistik über die Mitgliederentwicklung verdeutlicht, war die Gruppe bis zu diesem Jahr eine kleine Einheit, die gerade erst die 50-Personen-Marke überschritten hatte. Doch im Zuge der Weltwirtschafts-

---

174 Anzeige in der Oberhessischen Zeitung vom 17.1.1931, „Werbeabend des Sturm 4 H", S. 10.

175 So warb man für eine Vorführung des Parteitagfilms. Der Sturm vom 17.5.1930.

176 Mann: S. 329.

177 Mann: S. 330.

178 NSDAP Marburg, Bergemann: S. 25.

179 Koshar: Social Life, S. 201.

180 Koshar: Social Life, S. 179.

181 Mann: S. 337.

krise und politischer Agitation vergrößerte sich der Bestand exponenziell. Bis Ende 1930 hatte sich die Zahl der organisierten NS-Anhänger in Marburg auf 243 vervierfacht, bis 1931 auf 476 fast verdoppelt und bis zum Jahr 1933 auf über 1300 gesteigert.[182] Gemessen an der Einwohnerzahl, war die Parteimitgliedschaft in der mittelhessischen Kleinstadt bis zur „Machtergreifung" eher die Ausnahme als die Regel, doch war die Arbeit der organisierten Nationalsozialisten umso erfolgreicher. Begünstigt wurde die Ortsgruppe durch die Wahrnehmung der Bürger, wonach die NSDAP nicht als Partei, sondern als eine unpolitische Volksbewegung anzusehen sei.[183]

Die Besetzung von Führungspositionen durch Studenten innerhalb der örtlichen NS-Partei barg jedoch trotz des Erfolges auch Konfliktstoff im Umgang mit den nichtakademischen Mitstreitern. Allgemein, nicht nur in Marburg, fühlten sich die nationalsozialistischen Studenten trotz aller Volksgemeinschaftsschwärmerei doch als geistige Elite und damit den halbgebildeten Parteifunktionären überlegen. Das führte wiederum zu Reaktionen der sogenannten „Parteibonzen", die ihre Vorurteile gegenüber Studenten bestätigt sahen.[184] Gerade im Umgang mit der wenig intellektuell ausgerichteten SA geriet der akademische Nachwuchs an die Grenzen der Gemeinsamkeiten. In Marburg äußerten NS-Studenten nach dem Weggang des bisherigen SA-Führers und NSDStB-Leiters Kuno von Eltz-Rübenach Kritik daran, dass dieser bisher der SA oberste Priorität eingeräumt hatte.[185] In solchen Konflikten prallten akademisches Überlegenheitsdenken und „Parteimenschentum" aufeinander.[186] Daran konnte auch die eifrig gepflegte Romantisierung der SA, in der Arbeiter und Student zueinanderfinden sollten, nichts ändern. Dabei bemühte man sich durch Flugblätter an der Philipps-Universität um den Schulterschluss mit der Arbeiterschaft zu werben, wie die Artikelüberschrift nahelegt: „Student und Sozialismus. Der deutsche Student reiht sich ein in die Front des deutschen Arbeiters".[187] Da trotz dieser und ähnlicher Flugblätter das Ideal der Kampfgemeinschaft zwischen Hoch-

---

182 Siehe Anhang 1: Mitgliederentwicklung NSDAP Ortsgruppe Marburg 1925-1933.

183 Koshar: Social Life, S. 187.

184 Kater, Michael H.: Studentenschaft und Rechtsradikalismus in Deutschland 1918-1933. Eine sozialgeschichtliche Studie zur Bildungskrise in der Weimarer Republik, Hamburg 1975, S. 181-183.

185 Matheis, Lothar: Der NS-Studentenbund in Marburg bis zum Frühjahr 1933, Marburg 1985, S. 64f.

186 Kater: Studentenschaft und Rechtsradikalismus, S. 186.

187 Akte NSDStB Sektion Marburg StAM 305 a I. acc. 1954/16 Nr. 1, „Student unterm Hakenkreuz."

schule und Fabrik sich nicht einstellen wollte, konstruierte man diese so sehr gewünschte Verbindung im Nachhinein.

> Der Student dagegen ging hinein in die SA, er ging hinein in den Arbeitsdienst, er kämpfte und er arbeitete, er war der Meinung, daß geistige Arbeit in abgeschlossenen Zentren mit eigenen Geheimsprachen, wie die Hochschulen sie ja hatten, in sich schon den Stempel des unorganischen trügen.[188]

Gunter d'Alquen, ein SA-Mann des Marburger SA-Sturms 4, lobte entsprechend: Der „Sturm 4 war auch der richtige Sturm, halb Arbeiter, halb Studenten, ein paar Bauern, so gerade die richtige Mischung, die wir brauchten".[189] Doch waren Studenten der Sturmabteilung meist nur noch *pro forma* immatrikuliert und in erster Linie SA-Männer, welche die Hochschulen als Agitationsplattform nutzten.[190] Auch wenn nicht alle NS-Studenten die propagierte Sicht der Dinge teilten, der Mythos der gemeinsam siegreich kämpfenden Akademiker und Arbeiter wurde weiter verbreitet. Allerdings hätte das Volksgemeinschaftsideal nicht als bloße Einbildung funktionieren können. Es trafen ja Studenten, Arbeiter, Mittelständler und Oberschicht als Parteigenossen aufeinander.[191] So ließen die Wahlerfolge bestehende Differenzen offensichtlich ruhen. Aus den vorliegenden Quellen für Marburg geht für den Untersuchungszeitraum jedenfalls kein Aufbegehren der Studenten hervor.

Angespornt durch den Wählerzuspruch, traten die Marburger Nationalsozialisten in der Folgezeit immer selbstbewusster und aggressiver auf. Während einer Versammlung am 26. Oktober 1930 in Frankenberg präsentierten sich 30 Studenten in Uniform und Armbinde als Saalschutz und zettelten anschließend eine Schlägerei an, wenn auch die Parteizeitung von vorausgegangenen Provokationen des Reichsbanners berichtet.[192] Vier Monate später, am 23. Februar 1931, kam es in Ockershausen zu einer weiteren Saalschlacht zwischen SA-Angehörigen und politischen Gegnern.[193] Die Oberhessische Zeitung, die durch ihre Nähe zur DNVP wohlwollend über nationalsozialistische Aktivitäten berichtete, bemühte sich dementsprechend um eine Darstellung, der zufolge die

---

188 Feickert, Andreas: Studenten greifen an. Nationalsozialistische Hochschulrevolution, Hamburg 1934, S. 20.

189 d`Alquen, Gunter: Die Saalschlacht in Ockershausen. Aus der Geschichte der alten Marburger SA, in: NSDAP Marburg, S. 39-41, S. 39.

190 Roegele, Otto B.: Student im Dritten Reich, in: Die deutsche Universität im Dritten Reich. Eine Vortragsreihe der Universität München, München 1966, S. 135-174, S. 139.

191 Koshar: Social Life, S. 244.

192 Der Sturm vom 1.11. 1930, „Saalschlacht in Frankenberg."

193 Mann: S. 313 und 316.

Aggressionen von Kommunisten ausgegangen seien. Laut Bericht vom 24. Februar versorgten die Nationalsozialisten sogar Verletzte beider Parteien.[194]

Bemerkenswert ist in diesem Zusammenhang außerdem die Diskrepanz zwischen der polizeilichen Darstellung und der SA-Version der Ereignisse. Während die Polizei lapidar von einer Schlägerei zwischen SA und politischen Gegnern berichtete,[195] brüstete sich die SA rückblickend mit der eigenen Brutalität. So eskalierte die Situation in der Kneipe in Ockershausen im Verlauf der NSDAP-Kundgebung, als der Redner die anwesenden Sozialdemokraten und Kommunisten provozierte.

> Ein Pfiff, Osten springt aus der Reihe, packt einen Stuhl, schwingt ihn und schlägt ihn gleich zwei, dreien krachend auf die Schädel. Ein einziges Brüllen von Schreck und Wut, dann geht Trupp Marburg vor, ‚mit ruhigem festem Schritt' langsam, aber unerschütterlich.[196]

Zwar ist nicht auszuschließen, dass es sich bei der Schilderung um eine nachträgliche Glorifizierung der eigenen „Leistung" handelt, die der Autor betreibt, doch war das Vorgehen der Sturmabteilung gemeinhin als aggressiv bekannt. Geschadet haben diese Ausschreitungen der Partei jedoch nicht, traten in der Woche der Ereignisse von Ockershausen doch 16 Männer der SA bei.[197] Angesichts der Organisationsstruktur und Mitgliederquote kann auch für die zweite Saalschlacht von studentischer Beteiligung an der handfesten Auseinandersetzung ausgegangen werden.

Im Übrigen erweckte die Marburger Polizei den Eindruck, im Umgang mit den selbst erklärten Feinden des Staates von rechts allzu nachsichtig zu sein. Mitte 1930 hatte sich der preußische Innenminister über das dürftige Material über die Partei beschwert, welches ihm von der politischen Polizei aus Hessen-Nassau übermittelt wurde.[198] Offensichtlich war die örtliche Polizeistelle nicht besonders an den Vorgängen um die NSDAP-Angehörigen interessiert. Dass man die Partei, die derart lautstark und provokant auftrat, schlicht übersah, kann ausgeschlossen werden. Laut Koshar mussten die Parteigenossen „weder seitens der Regierungsstellen noch von den lokalen Eliten in nennenswertem Maße

---

194 Oberhessische Zeitung vom 24.2.1931, „Unliebsame Vorgänge bei einer politischen Versammlung." S. 4. Siehe auch Hessische Volkswacht vom 25. und 26.2.1931, „Die Saalschlacht bei Marburg."

195 Mann: S. 316.

196 NSDAP Marburg, d`Alquen: S. 41.

197 Hessische Volkswacht vom 26.2.1931, „Die Saalschlacht bei Marburg."

198 Mann: S. 319.

Repressionen“ [199] fürchten. Das galt auch für Fälle von besonders aggressiver Propaganda; waren die Nationalsozialisten doch seit 1928 nicht nur durch Versammlungen, sondern auch durch Aktionen, wie den „Judenschreck“, eine wandelnde Plakatsäule mit antisemitischen Abbildungen, die von einem Parteimitglied getragen wurde, in Erscheinung getreten.[200]

Der Erfolg der NSDAP in der kleinen Universitätsstadt war durch die aktive Mithilfe der Studenten in den Parteiorganisationen mehr als nur begünstig, wie Mann meint.[201] So stellen sie Redner, SA-Führer, den Saalschutz und ihren Eifer der „nationalsozialistischen Idee“ zur Verfügung und trugen so maßgeblich zur Dominanz der Nationalsozialisten vor Ort bei. Diesen Umstand hätte Mann deutlicher betonen sollen. Denn offensichtlich fehlten außerhalb der Studentenschaft geeignete Personen, welche diese Funktionen hätten ausüben können. So wäre die Marburger Ortsgruppe ohne den „Trommler von Oberhessen“,[202] Wolfgang Bergemann, propagandistisch weit weniger häufig in Erscheinung getreten. Generell waren es die Studenten, die neben engagierten überregionalen Parteigrößen die Vorträge hielten. Dies lag auch daran, dass die Jungakademiker durch ihren Bildungshintergrund und ihre Sozialisation besonders geeignete Agitatoren waren. „Nazi actitvists in Marburg could not do without the political advantages of universitäy study“.[203] So müßig es ist, kontrafaktische Geschichtsspekulationen anzustellen, so darf doch bezweifelt werden, dass ohne die Studentenschaft die Hitlerpartei die Erfolge im Mittelhessischen hätte erzielen können. Einen geeigneten Ortsgruppenleiter außerhalb des akademischen Milieus schien es seit dem Weggang Fleischmanns 1927 nicht gegeben zu haben.

3.2 Der Nationalsozialistische Deutsche Studentenbund (NSDStB)

3.2.1 Gründungsphase und frühe Ausrichtung

Die Studenten im Braunhemd beschränkten ihren Aktionismus nicht auf die Ortsgruppe der Partei. Parallel zum „Kampf um den Reichstag“ führten die nationalsozialistischen Kräfte auch den Kampf um die Universität. In diesem Zusammenhang konnte sich die nationalsozialistische Partei, deren Ableger ihr hochschulpolitischer Ableger der NSDStB war,

199 Koshar: Vereinsleben, S. 121.

200 NSDAP Marburg, Bergemann: S. 24.

201 Mann: S. 335.

202 NSDAP Marburg: S. 60.

203 Koshar: Social Life, S. 190.

auf ihre Attraktivität besonders unter den Jugendlichen und jungen Erwachsenen verlassen, gerade auch innerhalb der Gruppe der höher gebildeten.

Dass der Nationalsozialismus eine politische Bewegung war, die besonders die Jugend und junge Erwachsenen ansprach, wird schon daran deutlich, dass das Durchschnittsalter der Neumitglieder während der Zeitspanne von 1925 bis 1933 bei 31 Jahren lag.[204] Trotz des Wortes „Arbeiterpartei" im Namen, waren Studenten in Sturmabteilung und Schutzstaffel nicht nur im Fall der Marburger Ortsgruppe überrepräsentativ vertreten und bekleideten Positionen als Führer innerhalb der Hitlerjugend.[205] Angesichts dieses Potenzials engagierter Universitätsschüler bot sich eine entsprechende Parteiorganisation an.

So gründete sich im Sommersemester 1926 in München die erste nationalsozialistische Hochschulgruppe. Sie war wie die Partei streng hierarchisch nach dem „Führerprinzip" aufgebaut. Der Hochschulbund bestand aus einzelnen Hochschulgruppen, welche von Hochschulgruppenführern geführt wurden. Diese Führer waren nur dem Reichsleiter verantwortlich, der wiederum dem Parteiführer direkt verantwortlich war.[206] Allerdings entstand diese erste Gruppe, entgegen dem Gründungsmythos, nicht durch Hitler persönlich, sondern auf Initiative von Rudolf Hess und Wilhelm Tempel, letzterer wurde erster Gesamtleiter des NSDStB. Da Hitler selbst ein antiakademisches Wesen hatte, tolerierte er die neue Unterorganisation nach Meinung Katers nur, da sie seinem Plan zur Etablierung des Nationalsozialismus als Massenpartei dienlich sein konnte.[207] Die geistesfeindliche Haltung des Parteileiters und damit der Partei spricht aus dem folgenden Zitat, das den deutschen Universitäten vorwirft:

---

204 Kater, Michael: Generationskonflikt als Entwicklungsfaktor in der NS-Bewegung vor 1933, in: Geschichte und Gesellschaft, Zeitschrift für Historische Sozialwissenschaft. (11. Jahrgang.) Göttingen 1985, S. 217- 243, S. 230.

205 Kater: Generationenkonflikt, S. 236.

206 Faust, Anselm: Der Nationalsozialistische Deutsche Studentenbund. Studenten und Nationalsozialismus in der Weimarer Republik, Band 1, Düsseldorf 1973, S. 39.

207 Kater, Michael H.: Der NS-Studentenbund von 1926 bis 1928: Randgruppe zwischen Hitler und Strasser, in: Vierteljahreshefte für Zeitgeschichte (22. Jahrgang), München 1974, S. 148-190, S. 149 und 173-175.

> […] sie erzog nicht die Führerschicht der Nation, sondern schuf vornehmlich eine politisch-instinktlose und volksentfremdete Klasse von Gebildeten, die ihr Recht auf Führung aus Geburt, Besitz, Wissen und Anzahl der Examina ableitete.[208]

Innerhalb der NSDAP war man folglich reserviert gegenüber dieser berufsständischen Vertretung, sah man darin doch eine Gefahr für die propagierten Volksgemeinschaftsideale und fürchtete den akademischen Standesdünkel.[209] Die Warnung vor der Entfremdung der geistigen Oberschicht gegenüber dem einfachen Volk findet sich bereits in Hitlers Programmschrift „Mein Kampf", ebenso wie seine Verachtung für das Bildungsbürgertum.[210]

Im Gegensatz zum „Führer" verfolgten die Brüder Otto und Gregor Strasser als Vertreter der Parteilinken den Studentenbund mit Interesse. Das lag an der unter Wilhelm Tempel vertretenen sozial-revolutionären Ausrichtung und seiner egalitären Rhetorik. Damit griff der Studentenbund in seiner frühen Phase gezielt die Korporierten an, die als „Anhängsel des Großbürgertums, mit verknöcherten Ehrbegriffen und anachronistischen Feudalsitten"[211] angesehen wurden. Im Völkischen Beobachter machte Tempel seinem Hass auf das verbindungsstudentische Milieu Luft:

> Ihr, die ihr bis 1918 das deutsche Studententum zu vertreten glaubtet, habt die schwere Schuld auf euch geladen, daß die Bedeutung und der Einfluß des deutschen Studententums verlorenging, daß der deutsche Arbeiter den Student hassen lernte, und zuletzt, jetzt das deutsche Studententum der Willkür aller möglichen ‚staatlichen Instanzen' ausgesetzt und damit innerlich und äußerlich bankrott geworden ist.[212]

Konsequenterweise bemühte sich Wilhelm Tempel um eine Annäherung an die Arbeiterschaft, teils aus seinem Selbstverständnis als Revolutionär, teils aus Sozialneid auf seine wohlhabenden Kommilitonen, wie Kater annimmt.[213] Damit einher gingen Forderungen Tempels nach einer

---

208 Düning, Hans Joachim: Der SA-Student im Kampf um die Hochschule (1925-1935). Ein Beitrag zur Geschichte der deutschen Universität im 20. Jahrhundert, Weimar 1936, S. 73.

209 Giles, Geoffrey J. Giles: The rise of the National Socialist Students' Association and the failure of political education in the Third Reich, in: Stachura, Peter D. [Hg.]: The shaping of the Nazi State, London 1978, S. 160-186, S. 161.

210 Hitler: S. 243 und 480.

211 Kater: NS-Studentenbund, S. 159.

212 Völkischer Beobachter vom 27.7.1926, „An alle deutschen Studenten. Zum 9. Deutschen Studententag in Bonn vom 30. Juli bis 5. August 1926."

213 Kater: NS-Studentenbund, S. 156f.

Öffnung der Universitäten für begabte Arbeiterkinder, denn Student und Arbeiter sollten gleichberechtigte „Volksgenossen" sein. Doch stünde dem der von ihm kritisierte bürgerliche „Kastengeist"[214] entgegen.

Offensichtlich traf man damit den Nerv der von Verarmung und sozialem Abstieg bedrohten Studenten. Anders ist nicht zu erklären, dass es im Dezember 1926 reichsweit schon 20 Hochschulgruppen mit ungefähr 300 Mitgliedern gab. Denn „in allen NSDStB-Zellen war der Typus des wirtschaftlich ungesicherten Studierenden vorherrschend".[215] Wie die frühe Anhängerschaft, so litt auch der Hochschulbund anfangs unter chronischer Geldknappheit. Aus diesem Grund wurden die Nationalsozialistischen Hochschulbriefe bereits nach zwei Ausgaben wieder eingestellt.[216]

In Marburg gründete sich ebenfalls im Sommersemester 1926, am 2. Juni, unter Leitung von Hans Glauning die Hochschulgruppe des NSDStB. Unter den neun Gründungsmitgliedern waren die Studenten der juristischen Fakultät mit vier Vertretern die stärkste Fachrichtung.[217] Die Marburger Gruppe legte ihren politischen Schwerpunkt allerdings weniger auf die Hochschulpolitik, sondern konzentrierte sich von Anfang an auf allgemeine Themen und Tagespolitik.[218] Das wird schon bei einem Blick in die Satzung der Gruppe deutlich. So heißt es in § 2, der die Ziele beinhaltet, es sei die Aufgabe, den Nationalsozialismus zu verbreiten. Unter Hinweis auf das Parteiprogramm, „mit dem der Bund sich grundsätzlich in Allem identifiziert"[219] ist der Primat der parteipolitischen Ausrichtung evident.

Der rechtslastige Hintergrund der Marburger Studenten kam dem frisch gegründeten nationalsozialistischen Studentenbund natürlich entgegen. Zudem hatten die Korporierten sich ab 1925 von dem rechten bis völkisch-rechtsextremen Hochschulring Deutscher Art mehr und mehr zurückgezogen und sich politischen Parteien zugewandt. Außerdem war von linker Seite kein Widerstand zu erwarten, hatten die Sozialistische Studentengruppe und die Gemeinschaft freisozialistischer Studenten nur

---

214 Völkischer Beobachter vom 27.7.1926, „An alle dt. Studenten." und Nationalsozialistische Hochschulbriefe Folge 1 15.12.1926, „Brüder wacht auf!"

215 Kater: NS-Studentenbund, S. 149 und 151.

216 Faust: Band 1, S. 40f.

217 Mann: S. 280. Allgemein waren Jura-Studenten im NSDStB übermäßig oft vertreten. Koshar: Social Life, S. 243.

218 Matheis: S. 18f.

219 Satzung in: Akte NSDStB Sektion Marburg StAM 305 a I. acc. 1954/16 Nr. 1, Blatt 3.

eine marginale Bedeutung.[220] So stellten sich schon früh Erfolge der jungen Nationalsozialisten ein. Bereits anlässlich der Kammerwahlen vom 19. Juli 1926 gelang der Einzug mit vier Sitzen in die Kammer der Marburger Studentenvertretung. Zwar war dies nur in Zusammenarbeit mit der Vereinigung auslandsdeutscher Studierender möglich, doch immerhin war ein erfolgreicher Start in das politische Leben geglückt.[221]

Für Marburg ist festzuhalten, dass die anfängliche revolutionäre Propaganda Wilhelm Tempels als Reichsleiter des NSDStB und dessen antikorporative Stoßrichtung offensichtlich keine besondere Wirkung entfalten konnten. Dadurch unterschied sich die Philipps-Universität von anderen Hochschulen, an denen zunächst die Freistudenten für die nationalsozialistischen Hochschulgruppen gewonnen werden konnten, wie es in einer Beilage der Parteizeitung heißt.[222] Denn in Marburg war der Gründer der Ortsgruppe, Glauning, selbst Burschenschafter.[223] Dadurch war eine Grundlage für Kooperationen gelegt, verfügte er als Korporierter in jenem Milieu über den „Stallgeruch", der den nicht korporierten Studentenbündlern fehlte. Allerdings war man 1926 im ASTA, in welchem viele Verbindungsstudenten vertreten waren, in Teilen deutlich gegen die neue politische Bewegung eingestellt. Hans Glauning bekam laut Parteipublikation zu dieser Zeit eine so große Anzahl Contrahagen, „daß er Jahre gebraucht hätte, um sie alle auszutragen".[224] Der verwendete Konjunktiv lässt den Schluss zu, dass diese Mensuren nicht geschlagen wurden. Bedenkt man wiederum das Prestige, welches mit Mensuren verbunden war, kann man von einem möglichen Verlust des Ansehens ausgehen.

Allerdings zeigte sich auch schon nach kurzer Zeit, dass es keine grundsätzlichen oder unüberwindbaren Berührungsängste zwischen einzelnen Verbindungsstudenten und den hochschulpolitisch engagierten Nationalsozialisten gab. Nach stetigem Wachstum der Gruppe an der Philipps-Universität zählte man im Wintersemester 1929/30 bereits 36 Angehörige. Dies bedeutet immerhin, dass sich innerhalb von 3 ½ Jahren die Mitgliederzahl vervierfacht hatte. Dabei ist bemerkenswert, dass gut die Hälfte, nämlich 16 Personen, in der Mitgliederliste an die Universitätsleitung als Verbindungsstudenten mit Namen der Korporation angegeben sind. Chattia war allein mit vier Mann vertreten, und auch ein

---

220 Zinn: Hochschulpolitik, S. 331f.

221 Matheis: S. 21f.

222 Völkischer Beobachter vom 31.7.1931, „5 Jahre NS-Studentenbund - 5 Jahre Kampf und Sieg."

223 Heither: Verbündete Männer, S. 205.

224 NSDAP Marburg: S. 20.

Wingolfit, zugehörig dem christlichen Wingolfsbund, hatte den Weg in den NSDStB gefunden.[225] Koshar schätzt zwar, dass 70 % des Marburger Studentenbundes nur in ihm Mitglieder waren, aber dieser Prozentsatz beinhaltet auch Angehörige der NSDAP und stützt sich auf nicht gefundene Belege über Korporations- oder Vereinszugehörigkeiten.[226] Mit einem derart hohen Korporiertenanteil stand der Marburger Studentenbund jedoch nicht allein. In Erlangen waren ein Jahr später 123 der 202 nationalsozialistischen Studenten in einer Verbindung aktiv.[227] Glauning, den Kater als einen Pragmatiker innerhalb des Studentenbundes bewertet,[228] hatte in diesem Sinne bereits um den Jahreswechsel 1926/27 für den Schulterschluss zwischen den scheinbar gegensätzlichen Lagern geworben. In diesem Zusammenhang hatte er den revolutionären Charakter der Burschenschaft betont und Nationalsozialisten angeregt, Verbindungen beizutreten. „Denn der Geist einer Korporation wird immer durch ihre Mitglieder bestimmt."[229] Dieser hohe Anteil barg jedoch auch Probleme. Denn die Mitglieder mit Band und Mütze blieben zum einen innerhalb der Hochschulgruppe unter sich und zogen es vor, ihre Verbindungsveranstaltungen zu besuchen, was den Reichsleiter Tempel 1928 verärgerte, da sich darin doch der von ihm angeprangerte „Kastengeist" offenbarte.[230]

3.2.2 Kurswechsel des NSDStB unter Baldur von Schirach

Die von Wilhelm Tempel verantwortete sozial-revolutionäre Ausrichtung der Organisation und die ideologische Anlehnung an den Strasser-Flügel sollten jedoch nur bis 1928 andauern. In diesem Jahr kam es zum Wechsel an der Spitze des NSDStB. Kater vertritt die These, dass dem bisherigen Studentenführer Wilhelm Tempel seine Nähe zu Otto Strasser zum Verhängnis wurde, der parteiintern von Goebbels heftig bekämpft wurde und letztlich unterlag.[231] Der naive Tempel, der vergeblich an eine Annäherung der Studenten an die Arbeiter geglaubt hatte, wurde durch den Pragmatiker Baldur von Schirach ersetzt. Dieser war, wie Hitler auf parteipolitischer Ebene darauf bedacht, das Bürgertum für sich zu gewinnen.[232] Es ist allerdings umstritten, ob von Schirach damit einen hö-

---

225 Akte NSDStB Sektion Marburg StAM 305 a I. acc. 1954/16 Nr. 1, Blatt 31.

226 Koshar: Social Life, S. 221 und 349f.

227 Franze: S. 126.

228 Kater: NS-Studentenbund, S. 160.

229 Nationalsozialistische Hochschulbriefe, Folge 2, Januar/Februar 1927, „Verbindungsstudent und Nationalsozialismus."

230 Kater: NS-Studentenbund, S. 161.

231 Kater: NS-Studentenbund, S. 180.

232 Kater: Studenten und Rechtsradikalismus, S. 144.

heren Plan Hitlers umsetzen und als Bindeglied zwischen der Partei und dem höheren, akademischen Milieu dienen sollte.[233]

Im Gegensatz zu seinem Vorgänger, der den Studentenbund an den Universitäten etabliert hatte, vollzog von Schirach, der zum Zeitpunkt der Amtsübernahme gerade erst volljährig war,[234] den Kurswechsel vom linken Rand der NSDAP und konnte ihn so für die Mehrheit der Studenten attraktiv machen. Eine Massenorganisation wurde der Studentenbund jedoch auch unter seinem neuen Führer nicht. Denn selbst 1933 waren reichsweit nur 4,8 % der Studenten in einer Hochschulgruppe des NSDStB organisiert. So hatte in Marburg 1929 die Sozialistische Studentengruppe 22 Mitglieder und damit nur sechs weniger als ihre rechtsradikalen Gegner.[235]

Die konzeptionelle Ausrichtung auf die Massenwirkung lief der bisherigen Auffassung von Tempel jedoch zuwider, der den NSDStB als Elite des Nationalsozialismus gesehen hatte. Als geschickter Taktiker erkannte von Schirach die nützlichen sozialpolitischen Komponenten aus Tempels Konzeption und übernahm sie[236] bei gleichzeitiger Annäherung an die vormals so gescholtenen Verbindungsstudenten.[237]

Im Zusammenhang mit der Person Baldur von Schirachs und dessen Position halten sich zum Teil bis heute hartnäckige Gerüchte. Zum einen ist er nicht von Hitler als neuer Studentenführer ernannt worden, sondern nach erfolgter Wahl von diesem schlicht bestätigt worden.[238] Zum anderen war von Schirach selbst kein Korporierter und es auch vorher nicht gewesen. Weber beruft sich in seiner Arbeit auf Briefe eines Angehörigen des Kösener Senioren Convents Verbands, wonach sich der spätere Reichsjugendführer um Aufnahme in ein Münchener Corps bemüht habe, aber aus nicht näher erläuterten Gründen des Fechtens kein Corpsstudent geworden sei.[239]

Unabhängig davon, ob er selbst direkt persönlichen Einblick in die Subkultur der Verbindungen hatte, erkannte er doch ihren Stellenwert und ihren Einfluss innerhalb der Hochschulpolitik. Diesen Kurswechsel unter dem neuen Reichsleiter sieht Grüttner als „unumgängliche Vorausset-

---

233 Kater: NS-Studentenbund, S. 188.

234 Faust: Band 1, S. 77.

235 Koshar: Social Life, S. 194.

236 So warb die Marburger Hochschulgruppe im Sommer 1931 mit dem Schulterschluss zwischen Student und Arbeiter um Stimmen. Hessische Volkswacht vom 4./5. Juli 1931, „Student und Arbeiter."

237 Zinn: Hochschulpolitik, S. 337f.

238 Kater: NS-Studentenbund, S. 187.

239 Weber, R. G. S.: Die deutschen Corps im Dritten Reich, Köln 1998, S. 84.

zung" für den darauf einsetzenden Aufstieg der Organisation.[240] Denn daraus erklärt sich auch die von ihm betriebene Unterwanderungstaktik der Verbindungen, welche die Jungen von den Alten entfremden sollte.[241] Praktisch geschah dies durch naheliegende Formen der Zusammenarbeit zum Beispiel durch Vorträge, Feiern und gemeinsame Auftritte, wie im Rahmen von Reichsgründungsfeiern oder gemeinsam betriebenen Störungen unliebsamer Veranstaltungen der Gegner.[242] Aber das wirksamste Mittel waren Doppelmitgliedschaften im Studentenbund und einer Korporation. So waren beispielsweise schon vor 1933 neun Angehörige des Marburger Vereins Deutscher Studenten Mitglieder der NSDAP.[243] Dadurch vollzog sich nach und nach die den Alten Herren oftmals verhasste, von Hitler hingegen geforderte Politisierung der akademischen Jugend.[244]

In Marburg war es indirekt von Schirach, der dort einen Aufwärtstrend einleitete. So ernannte er im Wintersemester 1928/29 Kuno von Eltz-Rübenau zum Leiter der örtlichen Hochschulgruppe, die bisher zwischen häufigen Führungswechseln und geringen Propagandaerfolgen ihr Dasein gefristet hatte.[245] Diese Person ist ein weiteres Beispiel für die prägende Wirkung der Studenten auf die Marburger NSDAP, handelte es sich bei ihm doch zugleich um den örtlichen SA-Führer. Es fehlte vor Ort zwar immer noch an einer größeren Zahl von Anhängern, die auch aktiv wurden.[246] Aber wie auf Reichsebene brachte auch im Kleinen der Führungswechsel neuen Schwung.

Dass die Neuorientierung und Kooperation mit dem Couleurstudententum insgesamt Früchte trug, konnte von Schirach Hitler bald an Zahlen belegen. 1929 war der Studentenbund schon in 170 Verbindungen vertreten: zumeist in Burschenschaften, dann folgten die Turnerschaften und Landsmannschaften und darauf die Corps. Die nun auftretenden Wahlerfolge bei Hochschulwahlen kamen deshalb zustande, weil die Gedankenwelt großer Teile der Studierenden Überschneidungen mit den Ansichten des Nationalsozialismus aufwies.[247] Dabei ist festzuhalten, dass

240 Grüttner: S. 21.

241 Kater: Studentenschaft und Rechtsradikalismus, S. 140.

242 Heither: Verbündete Männer, S. 211.

243 Koshar: Social Life, S. 292.

244 Nationalsozialistische Hochschulbriefe, Folge 2, Januar/Februar 1927, „Studentenschaft und Politik. Zum Kampf um die deutsche Studentenschaft."

245 Matheis: S. 31.

246 NSDAP Marburg: S. 29.

247 Heither: Verbündete Männer, S. 206f. Im Hinblick auf die unter von Schirach einsetzende Durchdringung der Korporationen zeigt die Aufzählung der Verbände wieder die Affinität der Waffenstudenten für den Nationalsozialismus.

ähnlich wie die NSDAP Marburg, auch der Studentenbund stets mitgliederschwach war, aber bei Wahlen ein hohes Potenzial an Wählern abrufen konnte. Das war auch zu einem Teil der Ablehnung der Korporierten dem Studenten-Bund gegenüber geschuldet. So überraschend es klingen mag, blieben bis zu einem gewissen Grad Vorbehalte gegenüber dem Hochschulbund als Organisation bestehen, nicht aber gegenüber der Ideologie. Man befürwortete somit die Weltanschauung, war jedoch mit dem Personal sowie dessen Auftreten und Maßnahmen nicht zufrieden.[248]

3.2.3 Taktik und Tat des NSDStB

Es stellt sich die Frage, was die Nationalsozialisten an den Hochschulen ihren Gegnern, die auch oftmals Ableger von Parteien waren, voraushatten. Waren es nur die ideologischen Überschneidungen mit vielen Studierenden und die Ressentiments gegenüber dem jungen Staat? Diese Faktoren spielten unbestritten eine große Rolle, doch darf auch die politische und vor allem propagandistische Eigenleistung des NSDStB nicht unter den Tisch fallen. Er veranstaltete bei anstehenden Hochschulwahlen einen professionellen Wahlkampf, der beachtlich war. Massenveranstaltungen, Redeauftritte von Parteigrößen, in deren Verlauf es zu heftigsten Angriffen auf den politischen Gegner, ohne Rücksicht auf Anstand und Wahrheit kam, kennzeichneten die Kampagnen vor dem Urnengang.[249] Angemerkt sei noch, dass die Studienleistungen der nationalsozialistischen Studenten nicht schlechter waren als die ihrer Kommilitonen.[250]

In Marburg trat man unter neuer Leitung erstmals im Januar 1929 mit einem Vortrag an die breite Öffentlichkeit. Der thüringische Gauleiter Ziegler sprach über die „Bolschewisierung der deutschen Kultur".[251] Unter den immerhin 200 Zuhörern fanden sich jedoch nur wenige Korporierte ein, was vor allem darauf zurückzuführen ist, dass es sich bei dem Wochentag um einen Montag handelte. Montags tagten für gewöhnlich die Convente der Verbindungen, die für ihre Mitglieder verpflichtend waren. Dennoch war das Fazit der Veranstalter positiv.[252] Als es nach dieser Veranstaltung zu Beschwerden von republikanisch-studentischer Seite kam, stellte sich die Universitätsleitung auf die Seite der

---

248 NSDAP Marburg, Weibezahn: S. 46 und Heer: Arminia, S. 144.

249 Steinberg, Michael Stephen: Sabers and Brown Shirts. The German Students`Path to National Socialism, 1918-1935. Chicago 1973, S. 91.

250 Faust: Band 1, S. 118.

251 NSDAP Marburg: S. 60. Oberhessische Zeitung vom 12.1.1929, S. 5.

252 Zinn: Republik und Diktatur, S. 214.

Nationalsozialisten.[253] Diese sahen sich durch den Auftakterfolg und die Schützenhilfe von so hoher Stelle bekräftigt und veranstalteten bis zum Wintersemester 1929/30 weitere Vortragsabende.[254] Dabei sprachen Parteigrößen wie von Schirach oder Rosenberg. Kann Ersterer noch problemlos als Sprecher zu hochschulpolitischen Fragen vermutet werden, zeigt doch der Umstand, dass mit Rosenberg der neben Hitler führende Ideologe der Partei sprach, die enge Verknüpfung des Hochschulbundes mit allgemeiner Parteipolitik, welche die universitätsspezifischen Fragen in den Hintergrund drängte.[255]

Insgesamt verzeichnete die Marburger Hochschulgruppe unter der Ägide ihres Führers von Eltz-Rübenach einen stetigen Aufstieg. Sei es in Bezug auf die Durchführung von Großveranstaltungen, Mitgliederzuwachs[256] oder der vertieften Bindung zwischen Parteigruppe und Studentenbund. Doch es regte sich trotz der Erfolge auch Unmut über ihn. Dies lag an der in den Augen mancher Studenten zu engen Verknüpfung mit der Ortsgruppe. Für von Eltz-Rübenach war das in seiner Doppelfunktion als Studentenbunds- und SA-Führer jedoch nur naheliegend. Sein Nachfolger als Spitze der Hochschulgruppe ab dem Wintersemester 1929/30, Link, gehörte auch zu den Kritikern. Er machte sich daran, die Gruppe neu zu organisieren, und setzte fortan auf eine straffe Organisation der Vortragsabende, an denen die Mitglieder abstinent bleiben mussten. Auch bemühte er sich stärker als sein Vorgänger um den Kontakt zu den Verbindungen. Dieses Vorhaben scheiterte jedoch weiterhin an der schlechten Terminkoordinierung, denn montagabends standen Convente und samstags Pauktage mit anschließenden Mensurkneipen auf dem Programm der Verbindungsstudenten.[257] Da es in der Parteichronik heißt, dass nach dem Weggang von Eltz-Rübenach auch „eine gründliche Durchorganisation der SA im gesamten Bezirk"[258] vorgenommen wurde, lässt sich daraus schließen, dass der bisherige Führer mit seiner Doppelrolle zwar einen qualitativen Sprung nach vorne machen konnte, insgesamt jedoch überfordert war.

In der Folgezeit gingen die nationalsozialistischen Studenten dazu über, gezielt Veranstaltungen der Gegner zu besuchen und, laut eigenen An-

---

253 Matheis: S. 40f.

254 Beispielsweise den zweiten Vortragsabend am 1. Juni 1929 mit 700 Zuhörern. Zinn: Hochschulpolitik, S. 345.

255 Zinn: Republik und Diktatur, S. 216.

256 Doch blieb der NSDStB Marburg auch im Sommer 1929 mit 29 Mitgliedern zahlenmäßig deutlich hinter der örtlichen Stahlhelmstudentengruppe mit ihren 40 Mitgliedern zurück. Koshar: Social Life, S. 197f.

257 Zinn: Republik und Diktatur, S. 217f.

258 NSDAP Marburg: S. 29.

gaben, die verbale Auseinandersetzung zu suchen.[259] Kaum vorstellbar, dass es im Rahmen dieses Vorgehens nicht zu Tumulten und nonverbalen Streitigkeiten kam. Dass sich die Mitglieder des Marburger NSDStB auf gewalttätige Ausschreitungen verstanden, bewiesen sie in den bereits thematisierten Saalschlachten im Marburger Umland.

Ohne körperliche Gewalt, doch auf eine höchst unakademische Art und Weise traten die organisierten rechtsradikalen Studenten anlässlich des Besuchs des preußischen Ministers für Wissenschaft, Kunst und Volksbildung, Becker, auf. Dieser war aufgrund der Übergabe einer neuen Universitätssatzung in Marburg am 14. Januar 1930 zugegen. Nach den Auseinandersetzungen im Verlauf des Jahres 1927 über die Ausrichtung der Deutschen Studentenschaft als Organisation aller Studenten, die im nächsten Abschnitt genauer behandelt wird, war Becker zum Feindbild nicht nur der NS-Anhänger an den Hochschulen geworden. An diesem Tag wurde er von einem Teil der anwesenden Studenten mit Pfiffen und Buhrufen empfangen, was einen Eklat darstellte. Zwar distanzierten sich die offiziellen studentischen Stellen, die Allgemeine Marburger Studentenschaft und der Marburger Korporationsausschuss, von diesen Unmutsbekundungen, doch vermutet Zinn dahinter nur formelle, und keine inhaltlichen Gründe.[260] Für Linke waren diese Ausfälle von der als faschistisch verschrienen Universität erwartet worden.[261]

Der NSDStB sah in den Distanzierungserklärungen jedoch einen Verrat durch die beiden Organisationen, wusste man doch um die gemeinsame Abneigung gegen den Kultusminister.[262] Vier Mitglieder der Marburger Hochschulgruppe wurden zwar vom Senat der Universität vernommen und mit Androhung der Entfernung von der Hochschule bestraft. Im Rückblick brüstete man sich damit, von Kultusminister Grimme als „randalierende Studenten mit pietätloser, intoleranter und inhumaner Gesinnung"[263] bezeichne worden zu sein.

Angesichts eines derart dreisten und unakademischen Auftretens war die Universitätsleitung in Marburg gezwungen gegenzusteuern. Schon vor dem Verbot Hakenkreuze auf Plakaten zu verwenden und auf Beleidigungen zu verzichten, aus dem Wintersemester 1930/31,[264] hatte man versucht, eine gewisse Ordnung einzuhalten. Der *studiosus rerum politicarum* Wolfgang Bergemann beschäftigte aufgrund seiner propagandisti-

---

259 NSDAP Marburg, Weibezahn: S. 46.

260 Zinn: Republik und Diktatur, S. 220f.

261 Koshar: S. 196.

262 Zinn: Republik und Diktatur, S. 222.

263 NSDAP Marburg, Weibezahn: S. 47.

264 NSDAP Marburg, Weibezahn: S. 49 und Zinn: Republik und Diktatur, S. 231.

schen Tätigkeiten als Redner, sowohl des NSDStB als auch der NSDAP Ortsgruppe, mehrfach den Universitätsrichter. In seinen Reden griff er den Staat und die jüdischen Bürger scharf an, rief sogar zum Mord gegen sie auf. Doch blieben die Strafen überraschend gering für diese verbalen Angriffe.[265] Der Beschuldigte selbst verspottete die Universität und den Universitätsrichter im Nachhinein für die Nachsicht und die Widerrufe der Strafen, die er nach der „Machtergreifung" erhielt.[266] Offensichtlich hatten ihn auch Verhaftungen durch die Polizei nicht von seiner Agitation abhalten können.[267]

Abseits ihrer aufsehenerregenden Aktionen blieb der Einfluss der Hochschulgruppe bis 1931 paradoxerweise verschwindend gering. Das lag daran, dass bis zu diesem Jahr keine Wahlen zur Kammer der Marburger Studentenschaft stattfanden. Die Sitze wurden stattdessen über Listen vergeben, wonach pro hundert Unterstützer ein Sitz an die jeweilige Gruppe vergeben wurde. Mit der Hilfe ihrer Sympathisanten gelang es einigen Nationalsozialisten, über Listenplätze konservativer Zusammenschlüsse Sitze zu erreichen.[268]

Durch geschicktes Taktieren gelang dem NSDStB im Wintersemester 1930/31 der Coup, der ihm in Marburg die Kontrolle der Hochschulpolitik einbrachte. Die Korporierten stellten in jenem Semester den ersten Vorsitzenden, die Freistudenten den zweiten Vorsitzenden. NS-Bundführer Weibezahn schlug während der konstituierenden Kammersitzung den Nationalsozialisten Spieß als zweiten Vorsitzenden vor und drohte für den Fall einer Ablehnung mit der Kündigung der Mitarbeit in der Marburger Studentenschaft. In einer Kampfabstimmung setzte sich Spieß dank der Stimmen der Korporierten durch, weil Spieß` Haltung in ihrem Sinne war. Nun drohten die Freistudenten ihrerseits mit dem Ende der Mitarbeit, doch der nationalsozialistische Hochschulbund beruhigte sie durch das Angebot, Spieß werde im Sommer zurücktreten und es werde freie Wahlen geben. Diese Wahlen[269] hatten zur Folge, dass der Corpsstudent Curt Huebner erster Vorsitzender wurde, der ab Mitte 1931 dem NSDStB beitrat. Die Nationalsozialisten besetzten in der folgenden Zeit das Presseamt, woraufhin die Hochschulzeitung politisch geprägt wurde,[270] und Fritz Weibezahn wurde außerordentliches Vorstandsmitglied. In den kommenden Wochen besetzten Mitglieder der

265 Matheis: S. 33-35.

266 NSDAP Marburg, Bergemann: S. 21.

267 Der Sturm vom 28. Juni 1930, „2 Tage auf dem Polizeipräsidium."

268 Zinn: Republik und Diktatur, S. 187f.

269 Für das Wahlergebnis siehe Seite 93 dieser Arbeit.

270 NSDAP Marburg, Weibezahn. S. 48.

Marburger NSDStB-Gruppe wegen Personalmangel der übrigen Gruppen weitere Ämter und bauten ihren Machteinfluss aus.[271] Somit konnten sie ohne Wahlen durch Kooperation mit den wohlwollenden Verbindungen und durch Zugeständnisse Schlüsselpositionen in der Marburger Studentenvertretung erringen.

3.3 Der „Becker-Kampf" als erfolgreiches Agitationsbeispiel des NSDStB Marburg und völkischer Kräfte

Am deutlichsten lässt sich das Vorgehen der nationalsozialistischen Marburger Hochschulgruppe im Streit um die Neuordnung der Deutschen Studentenschaft (DSt), dem „Becker-Kampf", benannt nach dem preußischen Kultusminister, zeigen. Der parteilose Minister bemühte sich in seiner Amtszeit, jüdische Gelehrte an den Hochschulen durchzusetzen, was ihm jedoch nicht gelang.[272] Schon dieser Umstand hatte ihn bei rechtsradikalen Akademikern zum Feind gemacht. Dazu kam, dass Becker im völkischen Gedanken „den größten Feind der Republik [sah] und versuchte daher, den Einfluß der Österreicher und Sudetendeutschen [...] auszuschalten beziehungsweise einzudämmen".[273] Er selbst brachte seine Überzeugung auf die Formel: „Wenn man sich zum völkischen Gedanken bekennt, ist man im republikanischen Staat unmöglich".[274]

Der Streit des Kultusministers mit den preußischen Studentenschaften, zu der auch die Marburger gehörte, entzündete sich neben einer geplanten intensiveren Überwachung der Finanzen der Studentenschaften in der Hauptsache daran, ob die DSt als Vertretung aller Studenten großdeutsch angelegt, ihre Mitglieder nach dem Staatsbürger- oder dem Rasseprinzip aufnehmen sollte.[275] Becker forderte, die DSt solle mit allen auslandsdeutschen, auch jüdischen und republikanischen Studentengruppen in Österreich und dem Sudetenland zusammenarbeiten und nicht wie bisher, reichsdeutsch unter Miteinbeziehung „arischer" Gruppen auslandsdeutscher Hochschulen.[276]

Anlässlich seiner Weihnachtsbotschaft 1926 stellte Carl Heinrich Becker die preußischen Studentenschaften vor die Wahl, nicht ohne jedoch den

---

271 Zinn: Republik und Diktatur, S. 226-228.

272 Hammerstein: Antisemitismus, S. 90f.

273 Zirlewagen: S. 98.

274 Wingolfsblätter, 56. Jg., Nr. 1, 15.1.1927, S. 17.

275 Zinn: Republik und Diktatur, S. 157f.

276 Zirlewagen: S. 98.

Versuch zu unternehmen, für seine Art der großdeutschen Lösung zu werben.

> Die zur Zeit bestehende ist nicht großdeutsch, sondern reichsdeutsch unter Hinzuziehung arischer Sondergruppen auslandsdeutscher Hochschulen, und bedeutet deshalb nicht eine Förderung, sondern geradezu eine Gefährdung des großdeutschen Gedankens. Entweder findet also die Koalition der preußischen Studentenschaften mit auslandsdeutschen Studentenschaften so statt, daß alle auslandsdeutschen Studentengruppen und nicht nur wie bisher die arischen in die Koalition eintreten, oder aber die preußischen Studentenschaften koalieren nur mit reichsdeutschen Studentenschaften.[277]

Im Fall der Philipps-Universität wird an der Auseinandersetzung und Abstimmung darüber deutlich, wie stark der Einfluss der völkischen Kräfte innerhalb der Studentenschaft und damit auch des NSDStB schon 1927 war. Die Marburger Studentenschaft war zunächst für ein großdeutsch angelegtes Staatsbürgerprinzip in der Verfassung der DSt ohne rassische Auswahlkriterien.[278] Damit lag man auf der gleichen Linie wie Minister Becker. Auch die anderen preußischen Studentenschaften stimmten mit der Regierung im Wesentlichen überein, und es schien, als ob man keinen Einfluss auf die auslandsdeutschen Studentenschaften ausüben wollte.[279] Doch der Marburger NSDStB und auch der Hochschulring Deutscher Art Marburg machten dagegen Front. In ihren Augen hatten die Studentenschaften die Deutschen in Österreich und dem Sudetenland verraten. Stattdessen forderten die Rechtsaußen eine Verfassung unter Berücksichtigung des großdeutsch angelegten Rasseprinzips und die Entfernung von parteipolitischen und nicht deutschen Elementen von der Hochschule.[280]

Die freistudentischen Vertreter in Marburg hingegen waren für eine Verständigung mit Becker und teilten auch dessen Ansicht über das Staatsbürgerprinzip. Doch während des Jahres 1927 verhärteten sich die Fronten zwischen preußischen Studentenschaften und dem Vorstand der DSt einerseits und Becker andererseits weiter. Denn der Vorstand der DSt erklärte, man werde aufgrund der großdeutschen Überzeugung zu

---

277 Vorschlag Beckers an die preußischen Studentenschaften aus seiner Weihnachtsbotschaft vom 23.12.1926, in: Wingolfsblätter, 56. Jg., Nr. 1, 15. 1.1927, S. 17.

278 Zinn: Republik und Diktatur, S. 158.

279 Zinn: Republik und Diktatur, S. 159.

280 Zinn: Republik und Diktatur, S. 160.

den österreichischen Studentenschaften stehen.[281] In diesem Zusammenhang gaben die im Erlanger Verbändeabkommen organisierten Korporationen eine Erklärung gegen die Pläne Beckers ab. Darin stellten sie ihre Position heraus, denn

> die dem deutschen Volkstum im Grenz- und Auslande drohenden Gefahren verlangen eine unbedingte Reinerhaltung auch der Hochschulen und Studentenschaften von volksfremden Elementen, um die Lebensfähigkeit des Deutschtums in diesen Gebieten zu wahren.[282]

Ein interessanter Aspekt dieser Erklärung ist, dass auch der Miltenberger Ring zu den Unterzeichnern gehört, der Verband, dem Kultusminister Becker selbst angehörte.[283]

Agitatorisch tat sich in Marburg in dieser Hinsicht vor allem der NS-Studentenbund hervor, dem das Vorgehen des DSt-Vorstandes nicht hart genug war. In diesem Zusammenhang brachte der NSDStB Marburg an seinem Schwarzen Brett in der Universität ein Flugblatt mit derart radikalen Forderungen an, das den Entzug des Schwarzen Brettes durch den Rektor nach sich zog.[284] Daraufhin ging am 24. April 1927 ein Schreiben der nationalsozialistischen Studenten an den Rektor. Darin wurde gegen den Entzug protestiert und die Forderungen, wie die Befreiung der Universität von wirtschaftlichen Interessen, wiederholt. Man argumentierte zudem, dass eine bereits vorher erfolgte Verwarnung wegen Anbringens eines NSDAP-Flugblattes gewesen sei, es sich bei dem, für den Entzug verantwortlichem Plakat jedoch um ein NSDStB-Plakat gehandelt habe.[285] Offensichtlich versuchte man von nationalsozialistischer Seite mit der Differenzierung von Partei- und Hochschulpolitik gegen den Entzug zu wirken. Ebenso offensichtlich war ein Unterschied zwischen Partei und Hochschulbund für die Universitätsleitung nicht erkennbar. Angesichts im Wintersemester 1927/28 anstehender Wahlen zum Studentenparlament war der Ausfall des Schwarzen Bretts als Propagandaplattform für die rechtsextremen Hochschulagitatoren ein empfindlicher Rückschlag. Da die zuständigen Stellen der Hochschule darauf zunächst nicht reagierten, sandte die Reichsleitung des NSDStB

---

281 Zinn: Republik und Diktatur, S. 161. Wingolfsblätter, 56. Jg., Nr. 7, 15.7.1927, S. 315.

282 Erklärung der im Erlanger Verbändeabkommen vereinigten studentischen Verbände, in: Wingolfsblätter, 56. Jg., Nr. 3, 15.3.1927, S. 91.

283 Erklärung der im Erlanger Verbändeabkommen vereinigten studentischen Verbände, in Wingolfsblätter, 56. Jg., Nr. 3, 15.3.1927, S. 93.

284 Zinn: Republik und Diktatur, S. 162. Letztlich wurde der Entzug jedoch nur vier Monate aufrecht gehalten.

285 Akte NSDStB Sektion Marburg StAM 305 a I. acc. 1954/16 Nr. 1, Blatt 9-11.

am 19. Mai in dieser Sache ein Schreiben nach Marburg. Darin forderte sie in scharfem Ton die Rückgabe des Schwarzen Bretts. Sollte dies nicht geschehen, „so werden wir uns gezwungen sehen, weitere Schritte in der Angelegenheit zu ergreifen".[286] Die Situation muss daraufhin geklärt worden sein, es findet sich keine weitere Korrespondenz in dieser Angelegenheit.

Vier Jahre später verspottete man die als „Reaktion" titulierten Hochschulleitungen im Allgemeinen dafür, dass sie nicht konsequenter gegen den Studentenbund vorgegangen waren und es lediglich bei solchen Maßnahmen belassen hatten.[287] Diese Häme traf auch die Marburger Universität, die nicht willens war, konsequenter gegen die wiederkehrenden Provokationen und Ordnungsverletzungen vorzugehen. Ein Beharren auf Verboten und die Verhängung harter Strafen hätten die Aktionsfähigkeiten des Studentenbundes beeinträchtigt und seiner Arbeit möglicherweise weniger Erfolg beschert. Die Universität Halle beispielsweise verbot den NSDStB vom Februar 1931 bis März 1932.[288] Aber dem Marburger Rektor ging es vorrangig darum, ein ruhiges und harmonisches Verhältnis zu den Studenten zu wahren. Maßnahmen zur Sanktionierung etwaiger Verstöße, die während des Kaiserreiches noch funktionierten, verpufften nun wirkungslos.[289]

Als es nun zum Studentenparlaments-Wahlkampf kam, waren die Korporierten uneins. So gab es neben der Hauptliste Marburger Korporationen neuerdings die Nationale Studentenliste, die sich aus Vertretern der ortsansässigen Corps, Landsmannschaften und Turnerschaften zusammensetzte.[290] Einzig im Punkt des Verfassungsstreits wich sie von der üblichen Verbindungsstudentenliste ab und forderte, notfalls auf die staatliche Anerkennung zu verzichten und sich mit den auslandsdeutschen Studentenschaften in Österreich, dem Sudetenland und Danzig solidarisch zu zeigen.[291] *Ex negativo* kann daraus geschlossen werden, dass die ursprüngliche Marburger Korporierten Liste im Sinne der Marburger Studentenschaft für einen Verfassungskompromiss war. Das Wahlergebnis zeigte, bezogen auf den Verfassungsstreit, dass 58 % der

286 Akte NSDStB Sektion Marburg StAM 305 a I. acc. 1954/16 Nr. 1, Blatt 17.

287 Völkischer Beobachter vom 31.7.1931, „5 Jahre NS-Studentenbund - 5 Jahre Kampf und Sieg."

288 Hessische Volkswacht vom 16.2.1931, „Unerhörter Terror: Der National-Sozialistische Deutschen Studentenbund verboten."

289 Koshar: Social Life, S. 160.

290 Marburger Studentenkammer, Kammerwahl am 22.7.1927, fünf gültige Wahlvorschläge, Universitätsbibliothek Marburg. Siehe Anhang 2 Kammerwahl Sommersemester 1927.

291 Zinn: Republik und Diktatur, S. 164.

Wähler für Verhandlungen mit dem Kultusministerium waren, 35 % dagegen, und 7 % eine unklare Meinung hatten.[292] Man war also trotz allem von Seiten der Marburger Studenten mehrheitlich gewillt, eine Lösung mit dem Kultusministerium zu finden.

Doch als zum Beginn des Wintersemesters 1927/28 Kultusminister Becker die Einzelstudentenschaften aufforderte, über den Verfassungsentwurf abzustimmen, agierten DSt-Vorstand und DNVP kurz vor der Wahl am 30. November gezielt dagegen. Propagiert wurde, dass eine Zustimmung zum neuen Studentenrecht die großdeutsche und völkische Idee zerschlagen würde. Ein entsprechender Aufruf des Vorstands der Deutschen Studentenschaft wurde zu diesem Zweck in den Zeitschriften der studentischen Verbände publiziert.[293] Tatsächlich hatte sich die Stimmung der Studierenden derart gewandelt, dass der Verfassungsentwurf an der Philipps-Universität mit 1737 Stimmen zu 179 bei 39 ungültigen Stimmen abgelehnt wurde.[294] Das Abstimmungsergebnis an der Philipps-Universität entsprach dem gesamt-preußischen Resultat.[295] Vor dem Hintergrund, dass von den 23 deutschen Universitäten 12 in Preußen lagen, wird klar,[296] welchen Stellenwert dieses Votum im Hinblick auf den Geist der Studenten besaß. Die Konsequenz war, wie von dem Kultusminister angedroht, der Entzug der staatlichen Anerkennung, wodurch die DSt insgesamt nach rechts driftete und stärker von parteipolitischen Interessen beeinflusst wurde.[297] 1929 gab der Leiter des Hochschulpolitischen Ausschusses des Wingolfs Becker die Schuld daran, dass er durch den Entzug auch gemäßigte Studenten ins Lager der Nationalisten getrieben habe.[298] Die Vertretung der Marburger Studenten erfolgte nun durch die Allgemeine Marburger Studentenschaft (AMSt), die nur noch privaten Vereinscharakter hatte.[299] Sie war weder

---

292 Zinn: Republik und Diktatur, S. 164f.

293 Zinn: Republik und Diktatur, S. 165. Wingolfsblätter, 56. Jg., Nr. 11, 15.11.1927, S. 440f. Landsmannschafter-Zeitung, 41. Jg., Nr. 11, November 1927, S. 272f.

294 Zinn: Republik und Diktatur, S. 166.

295 Nur an der theologischen Hochschule Braunsberg gab es eine Mehrheit für den Verfassungsentwurf. Siehe: Zorn, Wolfgang: Die politische Entwicklung des deutschen Studententums 1918-1931, in: Stephenson, Kurt/ Scharff, Alexander/ Klötzer, Wolfgang [Hrsg.]: Darstellungen und Quellen zur Geschichte der deutschen Einheitsbewegung im neunzehnten und zwanzigsten Jahrhundert, Fünfter Band, Heidelberg 1965, S. 223-307, S. 293.

296 Adam, Uwe Dietrich: Hochschule und Nationalsozialismus. Die Universität Tübingen im Dritten Reich, Tübingen 1977, S. 5.

297 Zinn: Republik und Diktatur, S. 167.

298 Wingolfsblätter, 58. Jg., Nr. 8, 15.8.1929, S. 343f.

299 Matheis: S. 27.

auf das Staatsbürger- noch auf das Rasseprinzip festgelegt und behielt sich trotz Mitgliedschaft in der DSt Koalitionen mit anderen Organen vor.[300] Ihr oberstes beschließendes Organ war die Kammer der AMSt, deren Abgeordnete nach dem erwähnten Verfahren der Sitzvergabe pro 100 Unterstützer bestimmt wurden.[301]

Damit zeigt sich, dass Ende 1927 die Haltung nicht nur der Marburger Studenten, sondern der Mehrheit der Nachwuchsakademiker an preußischen Hochschulen gegen den Staat gerichtet war. Man nahm von studentischer Seite lieber die zu erwartenden Schwierigkeiten einer staatlichen Nichtanerkennung in Kauf, als auf großdeutsch-rassische Inhalte zu verzichten. Aufgrund der Tatsache, dass sich dieses Gedankengut behauptet hatte, zerbrach folglich endgültig die Verbindung zur Republik. Da die scharf antisemitische Haltung der österreichischen Studenten einen nicht unerheblichen Einfluss auf die Entwicklung in Deutschland hatte, sprach Becker den Vorwurf aus, Österreich habe Deutschland zum Antisemitismus „bekehrt".[302] Ein Vorwurf, der nicht bloß aus der Luft gegriffen war, aber den seit Längerem an den deutschen Hochschulen herrschenden Geist außer Acht lässt.

Leider geht aus dem vorliegenden Quellenmaterial nicht hervor, was den Gesinnungswandel an der *Alma Mater Philippina* bewirkt hat. Wie aus der Mehrheit einer zunächst kompromissbereiten Marburger Studentenschaft innerhalb von Monaten ein Erdrutschsieg für die Verfassungsgegner wurde, lässt sich so nicht klar darlegen. Möglicherweise wirkte die Propaganda der letztlich erfolgreichen Seite kontinuierlich im Studienalltag und konnte auf tief sitzende Ressentiments gegen den Staat aufbauen. Äußere Faktoren können dahingehend sicherlich ausgeschlossen werden, da 1927 in den Zeitraum der stabilen Jahre der Weimarer Republik zählt.[303] So sieht George L. Mosse in diesem Prozess auch nicht den Ausdruck einer Reaktion auf eine Krise, sondern eine pangermanische Gesinnung am Werk, wie er die tiefer sitzende Bindung der Deutschen zu den Österreichern nennt.[304] Bemerkenswert ist zudem,

---

300 Zinn: Republik und Diktatur, S. 184.

301 Zinn: Republik und Diktatur, S. 185-187.

302 Zorn: S. 294.

303 Seier: S. 580.

304 Mosse: S. 270f.

dass auch die freistudentischen Vertreter am Anfang des Jahres sich noch für eine Verständigung mit dem preußischen Kultusministerium aussprachen, wo doch den Freistudenten eine Neigung zum NSDStB nachgesagt wurde. Entscheidend war jedoch im Fall der Philipps-Universität die Haltung der mehrheitlich korporierten Nachwuchsakademiker.

4 Ausgewählte Dachverbände der Marburger Korporationen und ihr Verhältnis zum Nationalsozialismus

4.1 Bestandsaufnahme des Marburger Verbindungslebens in den 1920er-Jahren

> Jedes Kind in Marburg kennt alle Verbindungen nach Farben und Art. Und der Marburger Spießbürger, wenn er abends an der Ladentür sein Pfeifchen raucht, schaut stolz lächelnd auf ‚seine' Studenten, die zur Kneipe ziehen.[305]

So idyllisch beschrieb ein Alter Herr der katholischen Verbindung Rhenania das örtliche Studentenleben im Spätsommer 1930. Aus diesen zwei Sätzen schlägt dem Leser das typische Bild dieser Universitätsstadt entgegen: die Präsenz und das Ansehen der Verbindungsstudenten. Denn die 3000 Jungakademiker mit ihren Bändern und bunten Mützen prägten das Stadtbild an einem so kleinen Hochschulort wie Marburg mit seinen 23.000 Einwohnern[306] stärker als in Großstädten wie beispielsweise Berlin.

Der Philipps-Universität ging der Ruf voraus, eine „Bummeluniversität" zu sein. Das lag einerseits daran, dass gerade die Korporierten durch eine Vielzahl von verbindungsbedingten Aktivitäten eingespannt waren, andererseits daran, dass Studenten gerade im Sommersemester nach Marburg kamen, um ein ruhigeres Semester zu verleben, bevor es im Wintersemester wieder an andere Hochschulen ging, um intensiver zu studieren.[307] In dem Semesterbericht des Marburger Wingolfsbundes kommentierte man das vergangene Sommersemester 1926 daher wie folgt: „Ueberhaupt trat, wie stets im Sommer, das geistige Leben hinter dem korporativen zurück".[308]

Die zeitintensive Mitgliedschaft in einer Korporation bedeutete für den Studenten einen voll ausgestalteten Wochenablauf. Er beinhaltete bei den schlagenden Bünden tägliche Paukstunden, in denen das akademische Fechten erlernt wurde, aber darüber hinaus noch feststehende Termine wie Kneipen, eine bestimmte Form der studentischen Feier, wöchentliche Mitgliederversammlungen, die Convente, Stadtbummel sowie

305 Academia. 43. Jg., Nr. 5. 15. September 1930, S. 162.

306 Krist: S. 11.

307 Zinn: Republik und Diktatur, S. 83.

308 Wingolfsblätter, 55. Jg., Nr. 11, 15.11.1926, S. 359.

Sport- und Kulturveranstaltungen.[309] So war es beim Corps Teutonia im Wintersemester 1930/31 üblich, dass am Montag, Mittwoch, Freitag und Samstag abends jeweils Veranstaltungen auf dem Verbindungshaus im Hainweg 7 stattfanden. Dazu kamen noch in ihrer Regelmäßigkeit nicht näher genannte Termine wie Fechterkneipen und Frühschoppen.[310] Diese Vielzahl von Veranstaltungen unterstützt die Annahme von Michael H. Kater, wonach die Verbindungsstudenten nicht unbedingt die fleißigsten waren.[311] Zudem war Marburg eine Art Anfängeruniversität, an der Studienanfänger einige unbeschwerte erste Semester verleben wollten, bevor es sie zur Fortsetzung ihrer Studien an Großstadtuniversitäten zog.[312]

Wie schon erwähnt boten gerade die vielen verschiedenen studentischen Korporationen Gelegenheit, sein Studium zu vernachlässigen. Um einen Überblick über die Vielfalt und eine grobe Differenzierung dieses studentenspezifischen Milieus zu geben, sollen die Marburger Verbindungen jener Jahre genannt sein. Unter den schlagenden Verbindungen, die das akademische Fechten von ihren Mitgliedern erwarteten und zudem Band und Mütze trugen, gab es die Corps des Kösener Senioren Convent Verbands Teutonia, Hasso-Nassovia, Guestphalia und Rhenania-Straßburg zu Marburg. Des Weiteren die Burschenschaften der Deutschen Burschenschaft Arminia, Germania, Alemannia und die Rheinfranken. Ebenfalls schlagend waren die Landsmannschaften der Deutschen Landsmannschaft Hasso-Borussia, Hasso-Guestfalia, Nibelungia und die Turnerschaften des Vertreterconvents der Turnerschaften Schaumburgia, Philippina und Saxonia. Zu diesem Spektrum gehörten noch die in keinem der großen Dachverbände organisierten Bünde Chattia, das Corps Irminsul, die Burschenschaft Sigambria, die freie Burschenschaft Normannia und die wissenschaftliche Verbindung Tuiskonia.

Nicht farbentragend aber schlagend waren der Verein deutscher Studenten Marburg (VDSt), der Akademische Turnverein Marburg (ATV), die Sängerverbindung Fridericiana und die Markomannia. An christlichen, nichtschlagenden Verbindungen gab es vor Ort den Marburger Wingolfsbund und den Schwarzburgbund Frankonia. In der hessischen Diaspora[313] hatten sich sogar rein katholische Studentenverbindungen behauptet. Zum einen gab es die schon genannte VKDSt Rhenania, so-

---

309 Zinn: Republik und Diktatur, S. 108.

310 Akte Corps Teutonia StAM 305a I. acc. 1954/16 Nr. 45.

311 Kater: Studentenschaft und Rechtsradikalismus, S. 35.

312 Zinn: Republik und Diktatur, S. 83.

313 Marburgs Einwohnerschaft war in jenen Jahren zu 88 % protestantisch. Zinn: Republik und Diktatur, S. 76.

wie die KDStV Palatia, beide organisiert im Cartellverband katholischer deutscher Studentenverbindungen (CV), KStV Thuringia, organisiert im Kartellverband der katholischen Studentenvereine (KV) und die Unitas-Verbindung. Darüber hinaus gab es für Studentinnen den Verein katholischer Studentinnen Friedhort und den Marburger Studentinnenverein.[314]

Entgegen dem exklusiven Selbstverständnis der Studenten ist es erwähnenswert, dass der akademische Nachwuchs in Marburg überwiegend mittelständisch geprägt war. Der Großteil der jungen Akademiker rekrutierte sich mit 33, 7 % aus dem eigenen Milieu, gefolgt von 27,2 % der jungen Erwachsenen, deren Eltern Rentner, mittlere Beamte, Angestellte oder Volksschullehrer waren und zu 19,4 % aus Kindern von Unterbeamten, Kleinhändlern, gewerbetreibenden Handwerkern. Die verbleibenden 14,7 % entstammten Elternhäusern aus dem Bereich der Wirtschaft oder der Gruppe der Großgrundbesitzer.[315]

Bei der Betrachtung des studentischen Kontextes der Weimarer Jahre darf die finanziell prekäre Lage dieses Milieus nicht ausgeklammert werden. Der Weltkrieg und der anschließende Zusammenbruch hatten die Bildungsrücklagen, auf die man sich verlassen hatte, aufgebraucht.[316] So litten die Studenten nicht nur während der Phase der Hyperinflation 1923 und bedingt durch die Weltwirtschaftskrise 1929 unter Geldknappheit. Selbst in wirtschaftlich guten Zeiten des Staates lebten 20 bis 50 % von ihnen unter dem studentischen Existenzminimum. Laut Kater hatte somit ein ungelernter Arbeiter mit Familie mehr Geld zur Verfügung als ein Student.[317] Dies war nicht nur praktisch eine Zurücksetzung des geistigen Nachwuchses, dieser fühlte sich auch ideell zurückgesetzt, weil der Staat den Arbeiter ihnen gegenüber höherstellte. Der neue Staat war an der aus der materiellen Not resultierenden Unzufriedenheit der Studenten nicht ganz unschuldig. Er vernachlässigte den Studentenstand und gestand beispielsweise den Werkstudenten keine Unterstützung im Falle einer Arbeitslosigkeit zu.[318] Dass der monetäre Mangel der Studenten kein Einzelproblem war und besorgniserregende Ausmaße ange-

---

314 Zinn: In Marburg, S. 231 und Heer: Marburger Studentenleben, S. 205-210. Bei letzterem handelt es sich um einen Liste der Kurzprofile sämtlicher Marburger Korporationen.

315 Zinn: Republik und Diktatur, S. 75.

316 Levsen, Sonja: Elite, Männlichkeit und Krieg. Tübinger und Cambridger Studenten 1900-1929, Göttingen 2006, S. 193.

317 Kater: Studentenschaft und Rechtsradikalismus, S. 44f.

318 Kater: Studentenschaft und Rechtsradikalismus, S. 95-97.

nommen hatte, wird durch gestiegene Tuberkuloseinfektionen und vermehrt auftretendes Untergewicht unter den Universitätsschülern klar.[319]

Kater bezieht auch Marburg in diese düsteren Schilderungen der wirtschaftlichen Verhältnisse ein und verweist auf Briefe aus dem Umfeld der Burschenschaft Alemannia.[320] Dem widerspricht Zinn jedoch ausdrücklich. Zum einen war in Marburg das Preisniveau insgesamt günstiger als im übrigen Reichsgebiet, was auch durch günstige Wohnungspreise im Zuge des den lokalen Konkurrenzkampfs bedingt war. Zum anderen studierten in Marburg mehr Studenten aus der Oberschicht als an anderen Universitäten. Aufgrund dieser Faktoren lässt sich ein höherer Lebensstandart der Studenten der Philipps-Universität ableiten.[321] Es darf jedoch nicht das Bild entstehen, wonach man im Mittelhessischen als Student in Saus und Braus lebte. 1925 waren 74,9 % dieser gesellschaftlichen Gruppe ausschließlich von elterlicher Finanzierung abhängig, und in den Korporationen halfen Zuwendungen von Alten Herren, die schweren Zeiten zu überstehen.[322] Trotz dieser Hilfestellung durch die Philister der Korporationen blieben diese nicht vor Unruhen, die sich aus finanziellen Nöten der Aktiven ergaben, verschont. So kam es vor, dass die Aktiven offen gegen ihre Alten Herren rebellierten, da ihnen auch die Verbindung in der Notlage keinen Halt mehr geben konnte.[323]

Dietmar Krist schreibt in der Chronik der Hasso-Borussia, dass zwar der Semesterbetrieb aufrechterhalten werden konnte, Ende 1923 die Lebensmittelrechnungen jedoch nicht mehr beglichen werden konnten. Daher erschien Ende November 1923 eine Notnummer der Hessen-Preussen-Zeitung, in welcher die Aktiven die wirtschaftliche Notlage des Bundes zum Thema machten und um Spenden baten. Erst die Einführung der Rentenmark beruhigte die finanzielle Lage in Deutschland wieder.[324] Insgesamt mussten die typisch korporationsstudentischen Aktivitäten in Marburg während der Jahre bis 1924 merklich reduziert werden. In der Zeit wirtschaftlicher Not wurden so Trinkzwang und Kleiderkosten, beispielsweise für den Wichs, die Uniformen der Verbindungen, zu belastenden Kostenfaktoren.[325] In der Folgezeit stabilisierten sich die Ver-

---

319 Levsen: S. 193f. Kater: Studentenschaft und Rechtsradikalismus, S. 52f.

320 Kater: Studentenschaft und Rechtsradikalismus, S. 81.

321 Zinn: Republik und Diktatur, S. 53-55.

322 Zinn: Republik und Diktatur, S. 52 und 56.

323 Kater: Studentenschaft und Rechtsradikalismus, S. 107.

324 Krist: S. 119f. Notnummer der Hessen-Preussen-Zeitung, 26. Jg., Nr. 5, 30.11.1923. Auch andere Verbindungen, wie die Burschenschaft Arminia, waren auf Spenden angewiesen. Marburger Arminen Zeitung, 14. Jg., Nr. 1, Februar 1924, S. 1.

325 Kater: Studentenschaft und Rechtsradikalismus, S. 88.

hältnisse bezüglich des Lebenswandels und der Aktivitäten wieder auf breiterem Fuß. Jedoch konnten die Bünde nicht mehr an das Niveau der Wilhelminischen Zeit anknüpfen.[326] Infolge der Weltwirtschaftskrise verschärfte sich die Situation nochmals, auch für die sonst so feudal lebenden Corps, deutlich. Das Corps Teutonia Marburg verzichtete im Winter 1930/31 aus diesen Gründen auf alle gesellschaftlichen Veranstaltungen bis auf die Weihnachtsfeierlichkeiten.[327] Es darf vor dem Hintergrund der finanziellen Krisen des Jahres 1923 und der Jahre nach 1929 nicht fälschlicherweise eine monokausale Erklärung für die Affinität der Studenten zum Nationalsozialismus folgen. Auch schon vor 1923 waren die völkischen Inhalte in den Korporationen etabliert worden.[328]

Im Zuge des nach 1923 wieder zunehmenden wirtschaftlichen Wohlstands der Verbindungen ging man dazu über, eigene Häuser zu bauen oder sie gemäß den wachsenden Mitgliederzahlen zu erweitern.[329] Die Mitgliederzahlen schossen zwischen dem Ersten Weltkrieg, während dessen viele Verbindungen vorübergehend suspendiert waren, weil ihre Angehörigen im Feld standen, und 1933 in die Höhe. Das brachte den Luxus mit sich, dass die Bünde sich ihre Mitglieder aussuchen konnten und nicht jeden Bewerber aufnahmen, um ihren Bestand zu sichern.[330] So stieg der Aktivenbestand des Corps Teutonia bis zum Sommersemester 1929 auf 46.[331] Die Landsmannschaft Hasso-Borussia hatte 1925 55 Aktive und steigerte diese Zahl bis zum Sommersemester 1930 auf 83 Mitglieder, wobei die Inaktiven, Mitglieder in höheren Studiensemestern und daher weniger in die Abläufe der Verbindung eingebunden, mitgerechnet sind.[332] Auch die katholische Korporation Palatia erlebte während der Weimarer Republik eine Hochzeit hinsichtlich ihrer Mitgliederzahlen und konnte im Sommersemester 1929 57 Mitglieder an die Universität melden.[333]

Infolge der wirtschaftlichen und politischen Beruhigung der Lage in Deutschland während der stabilen Jahre der Republik wurde auch das

326 Zinn: Republik und Diktatur, S. 82.

327 StAM Akte Corps Teutonia 305a I. acc. 1954/16 Nr. 45.

328 Faust: Band 1, S. 118.

329 Zinn: Republik und Diktatur, S. 100.

330 Marburger Arminen Zeitung, 14. Jg., Nr. 2, Juli 1924, S. 5.

331 Akte Corps Teutonia StAM 305a I. acc. 1954/16 Nr. 45. Die verwendeten Zahlen der Marburger Verbindungen stammen jeweils aus den Akten des Marburger Staatsarchivs, und nicht aus den Dachverbandsblättern, da in Letzteren auch die ortsabwesenden Mitglieder eingerechnet sind und dies die Wahrnehmung der Bünde in Marburg verfälschen würde.

332 Akte Hasso-Borussia StAM 305a I. acc. 1954/16 Nr. 62.

333 Akte Palatia StAM 305a acc 1954/16 Nr. 58.

Studentenleben innerhalb der Marburger Mauern wieder ausgiebiger zelebriert. Die nachrückende Studentengeneration, welche den Krieg nicht als Soldaten erlebt hatte, trat an, die so viel besungene Burschenherrlichkeit[334] in die Tat umzusetzen. Einhergehend damit waren allerdings immer häufiger auftretende Disziplinlosigkeiten, die sich in einer Vielzahl von Aktenvermerken bei der lokalen Polizei niederschlugen. Dabei handelte es sich um Delikte, wie „Skandalieren ungebührlicherweise ruhestörenden Lärm[s]", grober Unfug oder leichte Sachbeschädigungen, wobei in den meisten Fällen der Alkohol sein Übriges dazu getan haben mag. In den Sommermonaten schnellten die Zahlen der Anzeigen in die Höhe, da die milden Nächte offenbar das entsprechende Verhalten begünstigten. Von April bis Juni 1927 kam es 174-mal vor, dass Studenten aufgrund polizeilicher Anzeigen vor den Universitätsrat zitiert wurden.[335] Aufgrund dieser Umstände hielt die Philipps-Universität an der Karzerhaft fest.[336] Im Zuge dieser Verfahren wurden jedoch nur sehr selten Verbindungsnamen genannt.[337] Daraus zu schließen, dass Korporierte nur selten involviert waren, ist jedoch falsch, hält man sich den hohen Anteil Verbindungsstudenten vor Augen. Es liegt daher nahe, dass die Studenten entweder keine Couleur trugen, sie ihre Mitgliedschaft verschwiegen oder es den entsprechenden Beamten schlicht keine Notiz wert war. Derartige Vorfälle konnten jedoch nicht nur für den Einzelnen, sondern in einigen Fällen auch Auswirkungen für die gesamte Korporation haben. So sagte der Rektor am 22. Juli 1928 eine Einladung des Corps Teutonia ab, da sich Teutonen an Gläserwürfen auf das Haus des Wingolfsbundes von der Terrasse eines anderen Verbindungshauses beteiligt hatten. Der folgende Satz aus diesem Schreiben verdeutlicht, dass es sich bei solchen Ereignissen nicht um Einzelfälle gehandelt haben kann:

> Ich muss zu meinem Bedauern feststellen, dass meine wohlgemeinte Mahnung an das Corps Teutonia vom 20. Februar d. Js. sowie mein kürzlich an sämtliche Marburger Korporationen gerichtetes Rundschreiben vom 25. Juni d. Js. nicht die Beachtung gefunden haben, die ich fordern muss.[338]

---

334 Siehe hierzu den Text „O alte Burschenherrlichkeit". Allgemeines deutsches Kommersbuch (160. Auflage), Schauenburg 1980, S. 290.

335 Akte Polizeistrafen gegen Studierende 1923-1929 StAM 305a I. acc. 1950/9 Nr. 663, Blatt 3-6.

336 Zinn: Republik und Diktatur, S. 111f.

337 So wurden im in den Jahren 1923-1929 lediglich die Verbindungen Hasso-Borussia, Alemannia und Arminia genannt. Akte Polizeistrafen gegen Studierende 1923-1929 StAM 305a I. acc. 1950/9 Nr. 663.

338 StAM Akte Corps Teutonia 305a I. acc. 1954/16 Nr. 45.

Eine andere Folge des zunehmend undisziplinierten Auftretens der Studenten waren Höchstzahlen an Contrahagen, die commentgemäße Forderung der Satisfaktion. Die Wechselwirkung aus ungebührlichem Verhalten einerseits und übertriebenen Ehrvorstellungen andererseits ergab eine spannungsgeladene Mischung, die sich häufig im Rahmen der Pauktage entlud und hohe Zahlen von Partien mit sich brachte.[339] Diese Entwicklung nahm Ausmaße an, mit denen die beteiligten Bünde selbst alles andere als glücklich waren, verschlechterten sie doch die Atmosphäre.[340] Dabei trugen auch die Sekundanten ihren Teil zur hitzigen Atmosphäre jener Phase des Marburger Waffenstudententums bei. „Die Sekundanten fochten oft mit dem Mund mehr, als die Paukanten mit der Waffe",[341] wie es in den Erinnerungen des ehemaligen Alt-Herren-Vorsitzenden der Landsmannschaft Hasso-Borussia heißt. Dies führte dazu, dass die dafür angesetzten Pauktage, während der die Partien gefochten wurden, mitunter von vier Uhr morgens bis in den Nachmittag hinein dauerten.[342]

Während der Phase, in der es den Anschein hatte, dass die Korporationen doch wieder an vergangene unbeschwerte Zeiten anknüpfen könnten, trat nun eine bis dahin unbekannte politische Weltanschauung mit nicht gekanntem Nachdruck auf. Der Nationalsozialismus verlangte den vormals betont politikfremden Bünden ab, ihm gegenüber Stellung zu beziehen.

4.2 Die Burschenschaften der Deutschen Burschenschaft (DB)

Den Bünden der Deutschen Burschenschaft fiel gegenüber den übrigen Verbindungen die Rolle der politischen Speerspitze innerhalb des korporierten Milieus zu. Dies ist wenig verwunderlich, da man beispielsweise im Gegensatz zu den sich bewusst unpolitisch gebenden Corps Wert auf politische Bildung legte. Die war beispielsweise durch die Behandlung hochschul- und volkspolitischer Fragen innerhalb der Marburger Rheinfranken nach deren Eintritt in die Deutsche Burschenschaft 1927 erwünscht.[343] Damit einher ging folglich eine entsprechende Politisierung

339 Krist: S. 131.

340 Marburger Arminen-Zeitung, 20. Jg, Nr. 6, Dezember 1930, S. 1.

341 Hoyer, Otto: Hasso-Borussia Marburg in Weimarer Republik und Nationalsozialismus. S. IV.

342 Zinn: Republik und Diktatur, S. 115.

343 Stockhufen, Arthur: Die „Burschenschaft" Rheinfranken, in: Zur Geschichte der Marburger Burschenschaft Rheinfranken 1880-1930, Marburg 1932, S. 72-82, S. 75. Einen Überblick über die Behandlung politischer Themen bieten die

des Bundes. Auf diese Art folgte man dachverbandsintern der Richtung, die auch nach der Gründung des Deutschen Kaiserreiches 1871 die Notwendigkeit der Wahrnehmung politischer Aufgaben vertrat. Der Gegensatz zwischen Befürwortern und Gegnern weiterer politischer Betätigung innerhalb der Einzelburschenschaften sollte durch den um sich greifenden Nationalsozialismus verstärkt werden.[344] In diesem Zusammenhang hatte die eindeutig die Republik ablehnende einseitige Politisierung, die sich zum Beispiel an der 1925 festgelegten Unvereinbarkeit einer Mitgliedschaft im Reichsbanner Schwarz-Rot-Gold und einer Burschenschaft manifestiert hatte, die Richtung ins rechtsextreme Lager bereits vorgezeichnet.[345]

Den österreichischen Studentenverbindungen folgend, war es dieser Dachverband, der in Deutschland vehement für das völkische Weltbild eintrat. 1923 verabschiedete man auf dem Deutschen Burschentag den „Arierparagraphen" nachdem man bereits im August 1920 einen Aufnahmestopp für Juden sowie ein Heiratsverbot für Burschenschafter mit „nichtarischen" Frauen verfügt hatte. Dies führte innerhalb der Burschenschaften zu Auseinandersetzungen mit jüdischen Alten Herren oder solchen, die mit Jüdinnen verheiratet waren.[346] Wie bei anderen Korporationstypen bot auch in diesem Fall der Antisemitismus das Einfallstor für die Nationalsozialisten in ein an sich geschlossenes Milieu, was durch die in Kapitel Zwei thematisierte Judenfeindlichkeit der Akademiker zu erklären ist. An diesem Sachverhalt ist ein Generationenkonflikt erkennbar zwischen radikalen Aktiven und Alten Herren. Die völkisch-nationalistisch eingestellten Studenten brachen mit den nationalliberalen Traditionen und Vorstellungen, welche von Teilen der Altherrenschaft vertreten wurden.

Dass aber nicht nur junge Burschenschafter für die Ideenwelt Hitlers zu begeistern waren, macht die äußerst wohlwollende Behandlung von „Mein Kampf" in den Burschenschaftlichen Blättern deutlich. Ein nach eigener Aussage „alter Burschenschafter", der sich mit der Programmschrift der NSDAP beschäftigte, lobt in seinem Beitrag den Antisemitis-

---

Berichte über die Burschenschaftlichen Abende, die mit Vorträgen verbunden wurden, beispielsweise der Arminen. Marburger Arminen Zeitung Nr. 4 September, 1929, S. 26-27.

344 Burschenschaftliche Blätter, 45. Jg., Nr. 7, April 1931, S. 166.

345 Lohse, W.: Unsere Burschenschaft nach der Jahrhundertwende, in: Sieber, Helmut: Festschrift zum 100. Stiftungsfest der Marburger Burschenschaft Alemannia, Arnsberg 1974, S. 102.

346 Bleuel, Klinnert: S. 148.

mus Hitlers und dessen Vaterlandsliebe, die „von dem Bewusstsein der blutlichen, d. h. rassischen Zusammengehörigkeit getragen sein muß".[347]

Allerdings ist die Existenz eines Konfliktes zwischen Jung und Alt umstritten. Heike Ströle-Bühler geht im Gegensatz zu Michael Kater nicht davon aus, dass es diesen gab. Sie stützt ihre Annahme darauf, dass in der Spätphase der Weimarer Republik kritische Artikel zum Nationalsozialismus in den Burschenschaftlichen Blättern, dem Zentralorgan des Verbandes, fehlen.[348] Stattdessen wurde man nicht müde zu betonen, dass im Nationalsozialismus die Ideale der Urburschenschaft zu einem großen Teil zu finden seien und man daher eine positive Haltung ihm gegenüber einnehmen müsse, ohne sich aber an dessen Programm zu binden.[349] Entgegen der im vorigen Beispiel anklingenden Vorsicht vor einer zu festen Bindung an den Hitler-Faschismus, stellt ein Burschenschafter aus Straßburg zugespitzt die Forderung, sofern man keine bessere Alternative habe: Nationalsozialismus oder Untergang des Volkes.[350] Überboten wird er nur durch den Marburger Burschenschafter Glauning, der verkündet:

> Der Nationalsozialismus ist mehr als nur eine politische, er ist auch eine kulturelle Bewegung, die das gesamte Gebiet menschlichen Lebens umfaßt, und will nichts anderes als die Wiedergeburt des artbewußten deutschen Menschen. Damit aber erfüllt er das Vermächtnis der Urburschenschaft.[351]

Gerade in Marburg kam es sehr früh zu einer Kooperation zwischen Burschenschaftern und NSDStB, was an der Doppelmitgliedschaft von Hans Glauning in der örtlichen Burschenschaft Germania und der nationalsozialistischen Hochschulgruppe lag, der an ihr maßgeblich beteiligt war.[352] Er ist auch ein Beispiel dafür, wie es gemäß der Weisung von Schirachs gelang, Einfluss zu gewinnen. Ihm ist folglich der hohe Anteil von Korporierten in der Marburger Hochschulgruppe zuzuschreiben, wie bereits in Kapitel 3.2 angemerkt. Im Zusammenhang mit dem Namen Glauning taucht in der Arbeit Webers über die Corps im Dritten Reich überraschend die Aussage auf, wonach der NSDStB überhaupt

---

347 Burschenschaftliche Blätter, 45. Jg., Nr. 1, Oktober 1930, S. 3.

348 Ströle-Bühler, Heike: Studentischer Antisemitismus in der Weimarer Republik. Eine Analyse der Burschenschaftlichen Blätter 1918-1933, Frankfurt am Main 1991, S. 143.

349 Burschenschaftliche Blätter, 45. Jg., Nr. 8, Mai 1931, S. 189.

350 Burschenschaftliche Blätter, 45. Jg., Nr. 10, Juni 1931, S. 237.

351 Burschenschaftliche Blätter, 45. Jg., Nr. 12, August/September 1931, S. 283.

352 Siehe dazu seinen, mit seiner Korporation angegebenen Beitrag in Blätter der Philipps-Universität, Februar 1927 Nr. 2, S. 3-4. Heither: Verbündete Männer, S. 205.

erst auf dessen Anregung hin gegründet worden sei.[353] Da Weber allerdings einen Beleg für diese Aussage schuldig bleibt und weder in den entsprechenden umfangreichen Arbeiten Katers, Grüttners, Fausts oder anderer Historiker der Name Glauning in diesem Zusammenhang auftaucht, scheint dies eine ungesicherte Aussage zu sein.

Überzeugend ist hingegen Webers Darlegung, warum der Nationalsozialismus gerade bei den Burschenschaften Anschluss finden konnte. Anknüpfungspunkt bildete neben dem ins Völkische übersteigerten Nationalismus auch die revolutionäre Tradition der Burschenschaften.[354] Im Gegensatz zu den anderen Verbindungen sahen sie sich als radikale Reformbewegungen. Im burschenschaftlichen Selbstverständnis bedeutete dies:

> Der lebensreformerische Einschlag und der nationalpolitische Erziehungsgrundsatz unterscheiden uns von den übrigen alten großen Waffenverbänden, die waffenstudentische Ueberlieferung und die straffere Bundeszucht vom Verein Deutscher Studenten; sie begründen diesen gegenüber unsere besondere Stellung als Deutsche Burschenschaft.[355]

Da man die Parteipolitik als Spaltung des Volksganzen auffasste, musste die NSDAP mit ihrer Ideologie und dem Anspruch, keine Partei, sondern eine Bewegung zu sein, umso attraktiver erscheinen. Ein Burschenschafter aus Kiel formulierte es folgendermaßen:

> Hier stand man plötzlich einer Bewegung, nicht einer Partei gegenüber, die dazu von demselben völkischen Gedanken wie die deutsche Burschenschaft ausging und einen großen Teil der Ideen verfocht, zu denen sich die D.B. im Laufe der Jahre bekannt hatte.[356]

Vorbehalte gab es nur dort, wo man um die Eigenständigkeit im herbeigesehnten „Dritten Reich" fürchtete. Anlass zu dieser Sorge gab der Absolutheitsanspruch des NSDStB gegenüber anderen Organisationen an den Hochschulen. Aus diesem Grund warnte ein Marburger Armine in seiner Bundeszeitung vor jeglicher parteipolitischen Festlegung der Burschenschaft. Anderenfalls würde sie aufhören zu bestehen.[357] In den

353 Weber: Corps, S. 83.

354 Weber: Corps, S. 82f.

355 Burschenschaftliche Blätter, 43. Jg., Nr. 2, WS 1928/29, S. 21.

356 Burschenschaftliche Blätter, 45. Jg., Nr. 7, April 1931, S. 166.

357 Marburger Arminen Zeitung, 19. Jg., Nr. 5/6, Dezember 1929, S. 43. Es gab in diesem Bund auch Befürworter einer Politisierung, die der extremen Rechten zugeneigt waren. Marburger Arminen Zeitung, 20. Jg., Nr. 1, Februar 1930, S. 6.

Ausgaben der Burschenschaftlichen Blätter war es wiederum der Marburger Glauning, der in seiner Rolle als Stundentenbundsangehöriger deutliche Worte fand. In einem Aufsatz vom Sommer 1931 stellt er die politische Daseinsberechtigung der Deutschen Burschenschaft nicht nur infrage, er wirft ihr auch vor, nur einem leeren Vaterlandsbegriff hinterhergelaufen zu sein. Demgegenüber sei durch den Nationalsozialismus eine neue Idee aufgekommen, die mit ihrem Führer, den er als einfachen Arbeiter aus dem Volk verklärt, unmittelbarer im praktischen Leben stünde, als es die Burschenschaften täten. Ferner hätten die Bünde der DB ihre politische Bedeutung verloren und seien für das Volk insgesamt überflüssig geworden. Dadurch habe sich die DB von ihren Ursprüngen entfernt. Der aktive Burschenschafter greift in seinen Ausführungen direkt die Alten Herren an, denen ein weltfremdes Dasein fernab der Realitäten des Volkes vorgeworfen wird.[358]

Den Burschenschaften solle im kommenden Staat, wie allen Verbindungen, da der NSDStB den Nationalsozialismus an den Hochschulen verbreiten würde, nur noch eine erzieherische Aufgabe zukommen. Die Formulierung Glaunings, sofern die Deutsche Burschenschaft der Lösung ihrer kommenden Aufgabe nicht gewachsen sei, würde diese anderweitig ohne sie gelöst werden, wirkt rückblickend wie eine Ankündigung der späteren Auflösung.[359] Derart radikale Ansichten und Forderungen konnten innerhalb der im Dachverband organisierten Verbindungen nicht kritiklos bleiben. Da der Autor des angeführten programmatischen Aufsatzes über das Verhältnis zwischen Dachverband und Ideologie nicht zum ersten Mal mit seinen Forderungen die Öffentlichkeit suchte, findet sich auf den folgenden Seiten der gleichen Ausgabe Widerspruch von Verbandsbrüdern. Zwar wird wieder prinzipielle Zustimmung zur neuen Weltanschauung deutlich ausgesprochen, doch die Bedeutung und Eigenständigkeit der Verbindung klar herausgestellt. Die mehrfach angeführten Vergleiche der Urburschenschaft mit dem Nationalsozialismus werden in diesem Zusammenhang als „irrige Parallelen" gewertet, da jene sich nicht mit einer „Massenpartei"[360] vergleichen lasse. Die sozialen Schwärmereien des Marburger Germanen für den Arbeiterstand werden von einem Alten Herrn als solche drastisch benannt und als „Bekehrung der Arbeiterseele von der SPD oder KPD zur NSDAP"[361] verspottet.

---

358 Burschenschaftliche Blätter, 45. Jg., Nr. 12, August/September 1931, S. 282.

359 Burschenschaftliche Blätter, 45. Jg., Nr. 12, August/September 1931, S. 283f.

360 Burschenschaftliche Blätter, 45. Jg., Nr. 12, August/September 1931, S. 286f.

361 Burschenschaftliche Blätter, 45. Jg., Nr. 12, August/September 1931, S. 287.

Inwiefern diese dachverbandsinterne und somit begrenzt auch öffentliche Auseinandersetzung über die Ansichten eines Bundesangehörigen die Marburger Germanen beeinflusste, ist nach Auswertung der vorliegenden Quellen schwer zu sagen. Ein Vergleich der Mitgliederzahlen der Germania mit denen anderer Marburger Korporationen lässt allerdings den Schluss zu, dass die Mitgliederwerbung und der Ruf des Bundes junge Akademiker ansprachen. Denn in den Semestern nach dem Sommer 1931, in dem die Diskussion über den Nationalsozialismus und die Burschenschaft in den Burschenschaftlichen Blättern ihren publizistischen Höhepunkt fand, konnte Germania ihre Mitgliedszahlen steigern, von 48 im Sommer 1931 auf 75 im Sommer 1933.[362] Im gleichen Zeitraum stagnierten andere Marburger Bünde, unabhängig ob schlagend oder konfessionell, oder hatten Rückgänge des Aktivenbestandes zu verzeichnen. Palatia beispielsweise verlor 16 Mitglieder und konnte zur Jahresmitte 1933 37 Aktive zählen.[363] Selbstverständlich unterliegt die Zahl der Aktiven einer Verbindung ständigen Schwankungen, die von unterschiedlichen Faktoren beeinflusst werden. Aufgrund der Tatsache, dass einzig die Burschenschaft, aus deren Reihen ein Vertreter öffentlich und offensiv für den Nationalsozialismus warb, wie an anderer Stelle zitiert auch in den Blättern der Philipps-Universität, deutlichen Zulauf erhielt, lässt darauf schließen, dass sie unter den Studenten einen guten Ruf genoss. Da über einen erfolgten Ausschluss Glaunings nichts bekannt ist, kann dies als Indiz für die Zustimmung innerhalb seiner Korporation, auch vor dem Hintergrund seiner Angriffe gegen den Dachverband, gewertet werden.

Das Bekenntnis zur Weltanschauung des kommenden „Dritten Reiches" verursachte in einer anderen Burschenschaft allerdings Unruhe. Im Zuge der politischen Radikalisierung am rechten Rand kam es unter den Marburger Alemannen zu internen Auseinandersetzungen. Ein vertrauliches Schreiben von sechs Anhängern der Hitler-Bewegung, in dem diese sich gegen weniger radikale Bundesbrüder wandten, lässt auf die Zerrissenheit innerhalb der Verbindung schließen. Der Umstand, dass er ohne Kenntnis des Convents, der innerhalb einer studentischen Korporation das höchste Gremium bildet, verfasst wurde, gibt weitere Rückschlüsse über die hinter den Kulissen tobenden Konflikte. Offensichtlich handelte es sich dabei um ein Schreiben, das der bundesinternen Öffentlichkeit zugänglich war.[364]

---

362 Akte Germania StAM 305a acc. 1954/16 Nr. 72.

363 Akte Palatia StAM 305a acc 1954/16 Nr. 58.

364 Lohse: S. 106.

In Marburg war die Germania durch ihren exponierten Vertreter Glauning die Burschenschaft, die eine besondere Nähe zum Nationalsozialismus aufwies. Der Umstand, dass die Rheinfranken in der Phase der völkischen Radikalisierung des Dachverbandes diesem beitraten, zeigt die Zustimmung des Bundes zu den Idealen und Überzeugungen, die damals in der Deutschen Burschenschaft vertreten wurden. Diese beiden Bünde folgten, beziehungsweise forderten und praktizierten die Annäherung an die nationalsozialistische Bewegung. Die Arminia, die größte Marburger Burschenschaft,[365] verhielt sich politisch unauffällig, zumindest fand die aufkommende Ideologie innerhalb der Verbindungszeitung erst ab Ende 1929 Erwähnung und man berief sich auf den Konsens einer vaterländisch-patriotischen Haltung in Abgrenzung zur Parteipolitik. Stattdessen beschäftigte man sich mit den eigenen Prinzipien.[366]

4.3 Die Landsmannschaften der Deutschen Landsmannschaft (DL)

Ähnlich wie im Fall der Burschenschaften bot auch unter den Landsmannschaften der Antisemitismus eine Scharnierfunktion vom deutschnationalen Denken zum Nationalsozialismus. Die bereits im Farbenstreit mit der jüdischen Korporation erwähnte Marburger Landsmannschaft Hasso-Guestfalia hatte bereits seit 1908 in ihrer Satzung unter Paragraf Fünf die Aufnahme von „Juden und Ausländern"[367] verboten. Hasso-Borussia, die in diesem Abschnitt primär behandelt wird und anhand derer die politische Haltung der Deutschen Landsmannschaft aufgezeigt wird, folgte 1920 mit einem entsprechenden Beschluss, wonach Bewerber erklären mussten, seit zwei Generationen „arischer" Abstammung zu sein. Dass der Bund insgesamt diese Entwicklung nicht ernst nahm, wie es in der Quelle heisst, lässt auf eine gewisse Gleichgültigkeit schließen, zumal es auch jüdische Alte Herren in der Verbindung gab.[368] In diesem Fall schien es jedoch im Gegensatz zu anderen Korporationen keinen Generationenkonflikt über diese Zugangsbeschränkung zu geben. Wie Hoyer in seinen Erinnerungen wiedergibt, lag gerade in dem geringen Interesse der Alten Herren an den Angelegenheiten des Bundes und dem „kritiklosem Sympathisieren mit dem jugendlichen Nachwuchs in der schwierigen Zeit nach 1918" [369] eine große Gefahr.

365 Burschenschaftliche Blätter, 44. Jg., Nr. 10, Juni 1930, S. 253.

366 Marburger Arminen Zeitung, 18. Jg., Nr. 3, Mai 1928, S. 19-20.

367 Akte Hasso-Guestfalia StAM 305a acc. 1954/16 Nr. 61, Blatt 27.

368 Hoyer: S. III.

369 Hoyer: S. IV.

Diese Gefahren der Sympathie für den rassischen Antisemitismus und einer einseitigen Politisierung waren umso stärker gegeben, da es für die Landsmannschaften, die während der Weimarer Republik mehrheitlich antisemitisch[370] und völkisch-nationalistisch[371] gesonnen waren, kein weiter Weg zum Nationalsozialismus war. So ergriffen, ab 1924 erstmals nachlesbar, Landsmannschafter Partei für Hitler.[372] Die republikfeindliche Grundhaltung zeigte sich auch in den Landsmannschaften durch die Ablehnung der neuen Nationalflagge, welche angeblich die Farben der Burschenschaft „erniedrige“,[373] und dem Festhalten an den alten Reichsfarben Schwarz-Weiß-Rot[374] für jedermann sichtbar.

Im Übrigen war die Frage, ob sich eine Landsmannschaft politisieren sollte, in jenen Jahren ein heikles Thema, welches ausführlich diskutiert wurde.[375] Die im folgenden angeführten Stellen aus der Hessen-Preussen-Zeitung der Hasso-Borussia illustrieren diese Diskussion innerhalb einer Einzelverbindung. Seit 1924 findet sich eine lebhafte Auseinandersetzung über das Für und Wider einer politischen Ausrichtung in dieser Publikation. Dabei äußerten Mitglieder sich auch eindeutig kritisch über die zunehmend rechtsradikale Ausrichtung der Deutschen Landsmannschaft im Allgemeinen[376] und den übertriebenen Nationalismus der eigenen Landsmannschaft im Speziellen.[377] Vor dem Hintergrund der ideologischen Ausrichtung der großen Dachverbände äußerte sich ein Angehöriger der Hasso-Borussia 1925 noch froh darüber, dass die Deutsche Landsmannschaft als Verband Politik ablehne.[378] Allerdings war die Basis zu diesem Zeitpunkt schon dem rechten bis rechtsradikalen Lager zugetan.

Wenige Jahre später war dies trotz des vorgeblichen Beharrens Einzelner auf dem Standpunkt, unpolitisch zu sein, nicht mehr der Fall. Es darf allerdings die Politisierung nicht per se als negativ angesehen werden.

---

370 Krist: S. 145. Landsmannschafter-Zeitung, 38 Jg., Nr. 6, Juni 1924, S. 69.

371 Beispiele aus der Landsmannschafter-Zeitung: 38. Jg.,Nr. 8, August 1924, S. 109. 42. Jg.,Nr. 8, August 1928, S. 198. 42. Jg., Nr. 10, Oktober 1928, S. 263.

372 Landsmannschafter-Zeitung, 38. Jg., Nr. 10, Oktober 1924, S. 153f.

373 Hessen-Preussen-Zeitung, 28. Jg., Nr. 6, 20.11.1926, S. 43.

374 Hessen-Preussen-Zeitung 27. Jg., Nr. 3, 5.7.1924, S. 23.

375 Landsmannschafter-Zeitung, 37. Jg., Nr. 3, März 1923, S. 23. Heft 9, September 1930, S. 191. Dabei finden sich vereinzelte liberale Stimmen. Heft 6, Juni 1925, S. 123.Allerdings war die Mehrheit eindeutig rechts bis rechtsradikal orientiert. Heft 3, März 1926, S. 50. Heft 11, November 1926, S. 282.

376 Hessen-Preussen-Zeitung, 27. Jg., Nr. 3, 5.7.1924, S. 21 und 25. September 1924. S, 32.

377 Hessen-Preussen-Zeitung, 28. Jg., Nr.3, 14. 5.1925, S. 27.

378 Hessen-Preussen-Zeitung, 28. Jg., Nr. 1, 16.1.1925, S. 5.

So gab es unter den Hessen-Preussen Stimmen, welche die Meinungsbildung unter den Aktiven durch die Anschaffung von Zeitungen jeglicher politischer Couleur sowie durch Referenten mit unterschiedlichen Meinungen zu Fragen der Nation fördern wollten. In der Argumentation war berücksichtigt, dass dadurch möglicherweise junge Bundesbrüder auf den Weg einer von der Mehrheit des Bundes abweichenden Meinung gelangen könnten. In diesem Fall sollte ein Austritt erfolgen. Trotz der Gefahr, Mitglieder aufgrund entgegengesetzter politischer Meinungen zu verlieren, da diese innerhalb der Verbindung nicht toleriert werden sollten, sah der Autor des Artikels die Notwendigkeit, sich als Korporation politisch zu verorten.

> Wird anders gehandelt, den politischen Fragen überhaupt aus dem Wege gegangen und Kompromiß auf Kompromiß gehäuft, so werden wir vielleicht groß an Zahl, innerlich aber wertlos sein und unfähig, die an uns gestellten schweren Aufgaben dieser Zeit zu erfüllen [...].[379]

Dass die Politik in den folgenden Jahren in die Landsmannschaft Einzug gehalten hatte, macht ein Blick in den Semesterbericht des Wintersemesters 1928/29 deutlich. Politische Vorträge gehörten seitdem zum Bestandteil der Aktivitäten, und durch die Anschaffung verschiedener Zeitungen der unterschiedlichen Richtungen hatten die Aktiven Gelegenheit, sich mit dem politischen Tagesgeschehen auseinanderzusetzen.[380]

Doch nicht durch die Behandlung aktueller staatsbürgerlicher Inhalte war der Nationalsozialismus in den hier beispielhaft untersuchten Bund eingebrochen. Bereits in der ersten Jahreshälfte 1925 bekannten sich einzelne Angehörige der Verbindung offen zur nationalsozialistischen Idee.[381] Nach Auswertung der Quellen handelte es sich dabei in dieser Phase der Weimarer Republik um Einzelfälle. Die Aktiven engagierten sich gegen Ende der Republik offenbar nicht in den Reihen des NSDStB, sondern waren stattdessen im Vorstand des örtlichen Hochschulrings deutscher Art und der hiesigen Stahlhelm-Hochschulgruppe, als auch in dessen Jugendorganisation, dem Jungstahlhelm, in führenden Positionen vertreten.[382] Der Stahlhelm, Bund der Frontsoldaten, war nach dem Ersten Weltkrieg ursprünglich als Veteranenorganisation entstanden. Über die Jahre politisierte er sich zunehmend stärker und stand bald fest im

379 Hessen-Preussen-Zeitung, 28. Jg., Nr. 1, 16.1.1925, S. 4.

380 Hessen-Preussen-Zeitung, 32. Jg., Nr. 2, 14.3.1929, S. 8.

381 Hessen-Preussen-Zeitung, 28. Jg., Nr. 2, 14.5.1925, S. 28.

382 Hessen-Preussen-Zeitung, 32. Jg., Nr. 3, 18.5.1929, S. 20.

nationalen Lager der Republikgegner.[383] So vertraten seine Mitglieder ab dem Ende der 1920er-Jahre zunehmend Positionen der erstarkenden NSDAP.[384] Trotz Gemeinsamkeiten mit den Nationalsozialisten stand man an der Spitze des Wehrverbandes den Methoden, der angestrebten Parteiendiktatur und dem Führergedanken skeptisch bis ablehnend gegenüber.[385] Ab 1926 bildeten sich auch an den Hochschulen eigene Stahlhelmgruppen, in welchen den Mitgliedern soldatische Tugenden vermittelt und körperliche Ertüchtigung geboten wurden.[386] Offenbar lagen diese Organisationsform und deren Inhalte bestimmten Teilen Hasso-Borussias eher als die parteipolitische Festlegung auf den Nationalsozialismus.

Trotz der republikfeindlichen, deutsch-nationalen Ausrichtung der Aktiven der Hessen-Preussen vertrat die Landsmannschaft keineswegs eine radikale Fundamentalopposition gegen den neuen Staat. Man verstand es, pragmatisch zu differenzieren, wie im Verfassungsstreit der preußischen Studentenschaften. Ein aktiver Bursch äußerte zu Beginn des Jahres 1927, man solle auf den völkisch-rassischen Aufbau der Deutschen Studentenschaft verzichten, um diese nicht in Gegensatz zur Regierung zu bringen. Vielmehr zeichne sich die deutsche Nation durch ihre Kultur und nicht durch die Rasse aus.[387] Dies war keine Einzelmeinung innerhalb der Verbindung, aber innerhalb der Deutschen Landsmannschaft. Hasso-Borussia stand mit ihrer Ansicht, sich mit Kultusminister Becker auf eine Lösung zu verständigen, auf verlorenem Posten, wie die Bundeszeitung im September 1927 berichtet.[388] Es ist anzunehmen, dass rein praktische Erwägungen den Ausschlag zu dieser Position gaben, doch belegt dies, dass sich diese Marburger Landsmannschaft dachverbandsintern nicht scheute, sich mit ihrer Meinung zu exponieren. Allerdings hielt diese Haltung nicht lange an. Schon zwei Monate später tauchten auf der Liste der Nationalen Studentenliste anlässlich der Kammerwahlen an der Philipps-Universität, die gegen jeglichen Kompromiss mit der preußischen Regierung in der Verfassungsfrage war, die Namen zweier

---

383 Berghahn, Volker R.: Der Stahlhelm. Bund der Frontsoldaten 1918-1935, Düsseldorf 1966, S. 113f.

384 Tautz, Joachim: Militaristische Jugendpolitik in der Weimarer Republik, Regensburg 1998, S. 354f.

385 Tautz: S. 367.

386 Sanker: Jens-Markus: „Stahlhelm unser Zeichen, schwarz-weiß-rot das Band ..." Der Stahlhelm-Studentenring Langemarck. Hochschulpolitik in Feldgrau 1926-1935, Würzburg 2004, S. 52.

387 Hessen-Preussen-Zeitung, 30. Jg., Nr. 2, 10.3.1927, S. 18.

388 Hessen-Preussen-Zeitung, 30. Jg., Nr. 5, 1.9.1927, S. 54.

Hessen-Preussen auf.[389] In dieser Angelegenheit bleibt leider unklar, ob es sich dabei um die Einzelmeinung der Mitglieder handelte oder sie im Einvernehmen mit ihren übrigen Bundesbrüdern agierten und dies ein Einknicken vor der Mehrheitsmeinung innerhalb ihres Milieus darstellte.

Anders als im Fall der Germanen exponierte sich die untersuchte Marburger Landsmannschaft nicht durch Mitglieder, welche für den Nationalsozialismus warben, auch wenn es dessen Anhänger in den eigenen Reihen gab. Stattdessen vertrat man eine deutsch-nationale Ausrichtung, angelehnt an die DNVP und den ihr nahestehenden Stahlhelm. Dadurch war ideologisch jedoch eine Nähe zum Nationalsozialismus gegeben. Die Korporation an sich tolerierte allerdings vor der „Machtergreifung" abweichende Meinungen ihrer Mitglieder. Ob dies auch in anderen Landsmannschaften der Fall war, bis sie schließlich unter nationalsozialistische Kontrolle gerieten, lässt sich aus der Auswertung der Landsmannschafter-Zeitung weder bestätigen noch verneinen.

4.4 Der Verein Deutscher Studenten (VDSt) im Kyffhäuserverband (KV)

Eine Sonderform unter den Verbindungen stellte der Kyffhäuserverband der Vereine Deutscher Studenten dar. Diese Form der studentischen Organisation, die in den 1880er-Jahren während der „Gründerkrise" des jungen Kaiserreichs im Zuge des Berliner „Antisemitismusstreits" zur Unterstützung der Antisemitenpetition gegründet wurde, zeichnete sich durch ihren ausgeprägten Antisemitismus und Nationalismus aus.[390] Dabei handelte es sich um eine religiös geprägte Judenfeindschaft und noch nicht um den Rasse-Antisemitismus des Nationalsozialismus.[391] Dem eigenen Selbstverständnis nach wollte man keine weitere Korporation sein, sondern die ganze Studentenschaft vertreten. Anders als in anderen großen Verbänden bestand eine enge Verbundenheit der einzelnen Vereine untereinander. Durch die in jenen Jahren häufigen Wechsel der Universitäten, des damit verbundenen Mitgliederaustauschs und Doppel- bis Mehrfachmitgliedschaften kann man im Fall des Kyffhäuserverbandes der Vereine Deutscher Studenten beinahe von einer großen Verbindung sprechen, die 1930 aus 44 Einzelbünden mit 2350 Studenten bestand.[392] Ein Blick in eine beliebige Ausgabe der Akademischen Blät-

389 Siehe Wahlliste Anhang 2.

390 Zirlewagen: S. 17f.

391 Biewer, Ludwig: Bismarck und die Vereine Deutscher Studenten, in: Zirlewagen, Marc [Hg.]: 125 Jahre Vereine Deutscher Studenten, Band I: Ein historischer Rückblick, Bad Frankenhausen 2006, S. 11-25, S. 15.

392 Landsmannschafter-Zeitung, 44. Jg., Nr. 5, Mai 1930, S. 113.

ter, das Zentralorgan des Verbandes, liefert in der Zeit der Weimarer Republik genügend Beispiele für Mitgliedschaften in zwei oder mehr VDSten.

Seinen Zweck sah man laut Beschlüssen einer Tagung von 1910 darin, ein „Verständnis für nationale Fragen" zu schaffen und der „Klärung und Kräftigung des Nationalbewusstseins in der gesamten deutschen Studentenschaft".[393] Entsprechend staatsverbunden gab man sich im Wilhelminischen Reich auch durch die Wahl der Farben Schwarz-Weiß-Rot und den Wahlspruch: „Mit Gott für Kaiser und Reich".[394] Diese Einstellung führte den Kyffhäuserverband nach 1918 in das Lager der rechten Republikgegner. Das Beibehalten des monarchistischen Wahlspruchs sei ebenso als Beispiel angeführt[395] wie die grundsätzliche Kritik am Parlamentarismus eines Marburger VDSters.[396]

Der Marburger VDSt, der 1886 gegründet worden war, stellte keine Ausnahme dar. Die feste Verwurzelung im völkischen Denken belegt die Tatsache, dass 76 Angehörige dieses Vereins nach dem Weltkrieg entsprechenden Organisationen angehörten. Allein 24 waren im Deutsch-Völkischen Schutz- und Trutzbund vertreten.[397] Die Verflechtungen mit diesem Milieu schlugen sich in diesem Fall im besonderen Engagement bei der Behandlung der Rassefrage nieder. So bildeten die VDSter der Philipps-Universität eine Arbeitsgemeinschaft zu diesem Thema, die im Dachverband Zuspruch fand. Laut der Autoren Heither, Gottschaldt und Lemling erfuhren die Aktiven dadurch eine ideologisch starke Prägung.[398] Angesichts der intensiven Auseinandersetzung mit der damals vertretenen Rassenlehre verwundert es wenig, dass aus den Reihen des Marburger VDSt der Rassehygieniker von Verschuer hervorging, der in der ersten Hälfte der Weimarer Republik dort aktiv war.[399]

Im Gegensatz zur untersuchten Landsmannschaft Hasso-Borussia duldete man in dieser Verbindung keine abweichenden Meinungen. Am Fall

---

393 Die körperliche Mitgliedschaft im Alldeutschen Verband und anderen nationalen Verbänden ist ein weiterer Beleg für die ursprüngliche Orientierung. Akte Verein Deutscher Studenten StAM 305a acc. 1954/16 Nr. 70.

394 Zirlewagen: S. 21.

395 Zirlewagen: S. 69.

396 Akademische Blätter, 39. Jg., 15.12.1924, S. 144.

397 Heither, Dietrich/ Gottschaldt, Eva/ Lemling, Michael: „Wegbereiter des Faschismus." Aus der Geschichte des Marburger Vereins Deutscher Studenten, Marburg 1992, S. 30.

398 Heither/Gottschaldt/Lemling: Wegbereiter, S. 36.

399 Seine Karriere, die über den Untersuchungszeitraum hinausgeht ist ausführlich nachzulesen in Heither/Gottschaldt/Lemling: Wegbereiter, S. 41-47.

des Marburger Alten Herren Ferdinand Friedensburg wird die strikte Ablehnung des neuen Staates besonders deutlich. Dieser war dem VDSt in der mittelhessischen Universitätsstadt 1905 beigetreten und war nach dem Ende des Kaiserreichs ein „Vernunftrepublikaner" geworden, der den neuen Staat zwar nicht herbeigesehnt hatte, sich mit ihm jedoch realistischerweise arrangierte und dementsprechend publizierte. Da diese Haltung innerhalb seiner Verbindung und seines Verbandes nicht toleriert wurde, unterstellte man ihm, an einer Veranstaltung des republikanischen Reichsbanners Schwarz-Rot-Gold teilgenommen zu haben, was er bestritt.[400] Böswilligerweise wurde Friedensburg nachgesagt, er habe sich im Sinne des Sozialismus betätigt.[401] In einem Umfeld wie dem des VDSt stellte dies eine schwere Anschuldigung dar.

Erst auf Nachfrage erfuhr der Beschuldigte, dass seine pro-republikanische Einstellung mit den Ansichten des Kyffhäuserverbandes unvereinbar sei.[402] Im Juli 1925 erklärte der Alt-Herren-Bund des VDSt Marburg Friedensburgs Austritt, gegen den er jedoch beim Marburger Ehrenrat erfolgreich Einspruch einlegte. Doch ein Jahr später wurde Ferdinand Friedensburg erneut und endgültig ausgeschlossen mit der gleichen Begründung wie zuvor.[403] Eine sich an das Verfahren anschließende Erklärung des Verbandsehrenrates machte deutlich, dass nur Republikgegner in den Kyffhäuserverband gehörten.[404] So rühmte sich der Marburger Verein in seiner Festschrift 1936 damit, dass man während der Weimarer Republik nicht an den Verfassungsfeiern der Universität teilgenommen hatte.[405] Vor dem Hintergrund der Ablehnung der Staatsform stellte sich ein anonymer Angehöriger des VDSter 1928 die Frage, ob man als Angehöriger dieses Verbandes mit gutem Gewissen ein Beamter sein könne, und führte das Ehrenmitglied Reichspräsident Hindenburg als Beispiel für die Vereinbarkeit an.[406]

Daran wird deutlich, dass der Kyffhäuserverband kein in sich geschlossener Block war, an dem die dynamischen Prozesse der Jahre 1919 bis 1933 abprallten. Im Fall der Vereine Deutscher Studenten entzündete sich der Generationenkonflikt nicht nur an der Haltung zur nationalsozialistischen Ideologie und der Partei, sondern auch am Selbstverständ-

---

400 Zirlewagen: S. 102.

401 Heither/Gottschaldt/Lemling: Wegbereiter, S. 48f.

402 Heither/Gottschaldt/Lemling: Wegbereiter, S. 50.

403 Zirlewagen: S. 104-106.

404 Heither/Gottschald/Lemling: Wegbereiter, S. 56f.

405 Weber, H.: Festschrift zur Erinnerungsfeier an den 50. Gründungstag (11. Mai 1886) des VDSt Marburg, Marburg 1936, S. 22.

406 Akademische Blätter, 43. Jg., August 1928 (I. Ferienbrief), S. 100.

nis als Organisation. So bemängelten einige der Alten Herren die stärkere Betonung der verbindungsstudentischen Bräuche. In ihren Augen lag darin nicht die Aufgabe der VDSten, die sich stattdessen mehr um die politische Arbeit und die Verwirklichung der völkischen Ideen zu kümmern hätten.[407] Die Maßnahmen, die zu diesem Zweck ergriffen werden sollten und auch wurden, lassen den Kyffhäuserverband mit seinen Mitgliedsvereinen eher als eine völkische Lehranstalt denn als einen studentischen Dachverband erscheinen. So befasste man sich mit Rassenhygiene, Volkstumsarbeit und der inneren Kolonisation, worunter man das Zurückdrängen des „polnischen Elements" im Osten und eine Stärkung des Binnenmarktes verstand. Außerdem sollten sich die Vereine im Sinne einer Volkshochschule um die deutsche Volkserziehung kümmern und so den Bildungsausgleich zwischen Arbeitern, Landbevölkerung und Akademikern als Grundlage der Volksgemeinschaft leisten.[408] Um diese Ziele verwirklichen zu können, stellte ein Alter Herr des Marburger VDSt Forderungen an die Aktivitates des Verbandes unter anderem nur national interessierte Studenten aufzunehmen, aus denen in den Bünden national interessierte Staatsbürger werden sollten.[409]

Marc Zirlewagen, selbst Angehöriger zweier Vereine Deutscher Studenten, stellt in seiner umfangreichen Arbeit drei Hauptströmungen innerhalb des Kyffhäuserverbandes fest. Die erste war ein Teil der Altherrenschaft, welche die Überhöhung des korporativen Comment ablehnte und für eine Auseinandersetzung mit nationalen und sozialen Fragen eintrat. Dem entgegen standen zumeist junge Angehörige mit der Forderung nach Angleichung an andere Verbindungen. Die Gruppe der Traditionalisten setzte hingegen auf die bereits erläuterte völkische Bildungsarbeit.[410] Die Strömung der betont verbindungsstudentischen jungen VDSter setzte 1926 die Annahme der unbedingten Satisfaktion durch, was von Zirlewagen dahingehend gedeutet wird, dass man eine der üblichen Korporationen geworden war.[411]

Doch entgegen den Befürchtungen der beiden anderen Richtungen im Kyffhäuserverband bedeutete dies nicht das Ende der völkischen Politisierung und der Behandlung nationaler Fragen. Dafür sorgte der erstarkende Nationalsozialismus in bisher ungekannter Art. Doch trotz der augenscheinlichen weltanschaulichen Gemeinsamkeiten der Ziele und Feinbilder entzündete sich an ihm ein weiterer Streit, in dem sich Aktive

407 Zirlewagen: S. 95.

408 Zirlewagen: S. 78-85.

409 Akademische Blätter, 39. Jg., 15.4.1924, S. 3.

410 Zirlewagen: S. 97.

411 Zirlewagen: S. 22.

und Alte Herren gegenüberstanden. Überraschenderweise scheint es erst relativ spät zu einem Eindringen dieser Ideologie in die einzelnen Vereine gekommen zu sein. Aus der Festschrift des VDSt Marburg geht hervor, dass ein Vortrag im Wintersemester 1928/29 zu dem Thema „Die nationalsozialistische Weltanschauung" dieses Gedankengut in das Bewusstsein der Korporation trug.[412] Dass sich schon vorher Mitglieder mit dessen Inhalten beschäftigten, steht außer Frage. Doch scheint diese politische Orientierung nur auf den ersten Blick einen Einfluss auf die Mitgliederentwicklung gehabt zu haben. Meldeten die Marburger VDSter im erwähnten Semester 57 Mitglieder, waren es im folgenden Sommersemester 90. Diesen sprunghaften Anstieg auf eine mögliche Wirkung durch eine nationalsozialistische Anlehnung zurückzuführen verbietet sich jedoch, da im Winter 1929/30 wiederum nur 50 Mitglieder gemeldet wurden.[413] Die hohe Fluktuation innerhalb der Aktivitas zwischen Sommer- und Wintersemestern kann nicht dem Ruf und dem gepflegten politischen Image zugeschrieben werden. Vielmehr ist die Erklärung den Universitätswechseln der Studenten und der besonderen Attraktivität der Marburger Sommersemester geschuldet.

Personelle Verflechtungen mit den nationalsozialistischen Hochschulgruppen traten erst in der Spätphase der Republik auf. 1929 waren erst in sechs Verbindungen des Kyffhäuserverbandes NSDStB-Mitglieder vertreten, Marburg war nicht darunter.[414] Trotz völkisch-nationalistischer Ausrichtung und Rassen-Antisemitismus scheute man auch in diesem Dachverband die enge Bindung an eine politische Partei, entgegen vorhandener Gemeinsamkeiten. Dies hing mit der grundsätzlichen und konsequenten Ablehnung des Parlamentarismus zusammen, auch wenn sich um 1930 mehr und mehr Angehörige der NSDAP zuwandten.[415] Wie auch im Falle der DB handelte es sich dabei primär um die radikalen Aktiven, die damit in Opposition zu ihren Alten Herren standen und ihren Verband in eine politische „Kampfgemeinschaft" wandeln wollten. Die Philister scheinen nicht nur im KV mit der rasanten politischen Entwicklung während des Republikintermezzos überfordert gewesen zu sein.[416]

Letztlich bestimmte die Aktivengeneration das Bild einer Verbindung nach außen, so auch durch die Orientierung zum Nationalsozialismus, die am Ende eines Radikalisierungsprozesses stand. Daher schreiben

412 Weber: Festschrift VDSt Marburg, S. 23.

413 Akte Verein Deutscher Studenten StAM 305a acc. 1954/16 Nr. 70.

414 Zirlewagen: S. 137f.

415 Zirlewagen: S. 148.

416 Zirlewagen: S. 113.

Dietrich Heither, Eva Gottschaldt und Michael Lemling dem Vereinen Deutscher Studenten allgemein und im Speziellen dem Marburger zu, „Wegbereiter des Faschismus" gewesen zu sein, wie der Titel ihrer gemeinsamen Arbeit zeigt. Dem hält Zirlewagen den Umstand entgegen, dass sich ab 1929/30 unter allen deutschen Studenten der Nationalsozialismus eines wachsenden Rückhalts erfreute. Der Kyffhäuserverband und somit auch der Marburger VDSt als Teil dessen habe zwar das Feld für die Erfolge des Nationalsozialismus an den Hochschulen vorbereitet, aber daraus eine Vorreiterrolle der Vereine Deutscher Studenten abzuleiten, gehe zu weit.[417] Die drei Vertreter der „Wegbereiter"-These vernachlässigen durch die Exklusivität, die sie dem Kyffhäuserverband zuschreiben, nicht nur das gesamt-gesellschaftliche Klima, sondern auch andere Korporationsverbände.

4.5 Die Verbindungen der großen christlichen Verbände

4.5.1 Der Cartellverband der katholischen deutschen Studentenverbindungen (CV)

Wie unter 2.1 dieser Arbeit schon erwähnt, verhielt sich der CV, der zweitgrößte Verband an den deutschen Hochschulen,[418] gegenüber der Republik reserviert und war wegen des von ihm vertretenen großdeutschen Nationalismus und Antijudaismus für völkisches Gedankengut anfällig. Daraus jedoch den Schluss zu ziehen, die Mitgliedsbünde des CV seien *per se* Republikgegner gewesen, wäre falsch.[419]

Der aufkommende Nationalsozialismus stellte die katholischen Verbindungen zudem vor eine schwere Belastungsprobe. Denn einerseits bot die neue Idee konsensfähige Punkte, die auch im katholischen Milieu weit verbreitet waren, andererseits wurden diese Gesellschaftsschichten von dessen Radikalität und expliziter Kirchenfeindlichkeit abgestoßen.

Die korporationskritische Forschung macht es sich häufig sehr einfach, indem sie sich nur auf die ideologischen Überschneidungen konzentriert, wie dies beispielsweise Schäfer in seiner Arbeit tut, der neben judenfeindlichen Strömungen den Antibolschewismus als verbindendes Element anführt.[420] Dies ist zwar zutreffend, aber angesichts der linksra-

---

417 Zirlewagen: S. 151.

418 Faust: Band 1, S. 125.

419 Stickler, Matthias: Zwischen Reich und Republik. Zur Geschichte der studentischen Verbindungen in der Weimarer Republik, in: „Der Burschen Herrlichkeit". Geschichte und Gegenwart des studentischen Korporationswesens, Historia Academica Band 36, Würzburg 1998, S. 85-108, S. 100f.

420 Schäfer: S. 125-128.

dikalen Aufstände zu Beginn der Weimarer Republik, der Verbreitung dieses Gedankenguts in Teilen der Bevölkerung und des Schreckensbilds des kommunistischen russischen Riesenreiches nachvollziehbar. Bolschewismus und Kommunismus wurden als reale Bedrohungen wahrgenommen, auch wenn sie stets schnell eingedämmt werden konnten.

Innerhalb der Marburger Palatia erteilte man 1927 Sozialismus und Nationalismus gleichermaßen eine Absage. „Wie der Sozialismus ist der Nationalismus uns Deutschen ein Feind gewesen und ist es noch".[421] In der Publikation der Palatia, dem Marburger Palaten, sprach man sich 1923 explizit gegen den Rasseantisemitismus aus, indem es dort hieß:

> Wir erkennen das schwere Gewicht der Frage ‚Jude und Hochschule' an, stellen aber das Gebot der Kirche und die Verfassung unseres Staates über die Lehre überhitzter Rassefanatiker, die so manchem jungen Kommilitonen den Kopf wirr machen.[422]

Weiter führt der katholisch-korporierte Verfasser aus, dass die Palaten

> Kinder der völkerumspannenden Kirche [sind] und bekennen uns zu ihr: in diesem Bekenntnis liegt die Verpflichtung zur getreulichsten Liebe zur Heimat, wie die Anerkennung der sittlichen Verbundenheit aller Menschen vor dem Schöpfer und Walter der Welt.[423]

Aber schon vier Jahre später sollten auch in diesem Bund nationalistische und antisemitische Töne offen im Rahmen der Festrede zum 20jährigen Bestehen der Marburger Palaten geäußert werden.[424]

Doch angesichts der Kriterien, welche der CV zur Aufnahme in seine Reihen stellte, stellt sich die Frage, wie es um die Nationalismus-Definition bestellt war. So ist in einer Academia-Ausgabe von 1925 zu lesen: „Alle Katholiken, die von Geburt aus Deutsche sind und die andern Bedingungen erfüllen, können zu uns".[425] Diese Einschränkung für nicht deutsche Katholiken war jedoch kein Ausdruck einer Radikalisierung während der Weimarer Republik. Die Marburger Rhenania schrieb die Vorraussetzungen „katholisch" und „deutsch" in ihrer Satzung von 1914 den Mitgliedern vor.[426]

Wie schwierig die Bewertung der Haltung des CV gegenüber dem Parlamentarismus ist, wird deutlich, wenn der Autor im zitierten Artikel

---

421 Marburger Palate, Dezember 1927, in: Festschrift Palatia, S. 61-63, S. 61.

422 Marburger Palate, März 1923, in: Festschrift Palatia, S. 56.

423 Marburger Palate, März 1923, in: Festschrift Palatia, S. 58.

424 Marburger Palate Dezember 1927, in: Festschrift Palatia, S. 61-63.

425 Academia, 38. Jg., Nr. 6/7, 15.11.1925, S. 147.

426 Akte Rhenania StAM 305a acc. 1954/16 Nr. 59.

der Parteipolitik eine Absage erteilt und stattdessen einen ständisch gegliederten Staat in einer Symbiose aus Demokratie und Autorität fordert.[427] Zwar handelt es sich bei dem Verfasser Erhard Schlund nicht um einen Angehörigen einer Marburger Korporation, doch fiel ihm innerhalb des Cartellverbands eine wichtige Rolle als CV-Seelsorger zu. In dieser Funktion setzte er sich intensiv mit dem völkischen Gedankengut allgemein und dem Nationalsozialismus speziell auseinander. Dies war dringend erforderlich, da Letzterer auch innerhalb der Verbindungen Fuß fasste und es zu Mitgliedschaften von CVern im NSDStB kam.[428] Einzelne Angehörige des CV bemühten sich in diesem Zusammenhang um eine Annäherung an die Nationalsozialisten durch die Person Albert Leo Schlageters, der, selbst Mitglied des CV, nach Sabotageakten während der Ruhrbesetzung 1923 hingerichtet wurde. Er sollte zum nationalen Märtyrer stilisiert werden und den Katholiken den Weg in die Volksgemeinschaft weisen.[429]

In der Juliausgabe der Academia des Jahres 1930 veröffentlichte Schlund einen Aufsatz zum Thema „Die Religion in Programm u. Praxis der Nationalsozialist. Deutsch. Arbeiterpartei". Der CV-Seelsorger, der Mitglied der Ordensgemeinschaft der Franziskanermönche war, ahnte, welche Gefahr für den katholischen Glauben von der Hitler-Partei ausging. Er lehnte die Überhöhung des Staates in quasi-religiöse Sphären und das „Moral- und Sittlichkeitsgefühl der germanischen Rasse"[430] als Bewertungskriterien der Religion für unvereinbar mit dem Katholizismus ab. Anhand von Beispielen, in denen führende Nationalsozialisten wie Alfred Rosenberg das Christentum angriffen, machte Schlund das Verständnis der Parteigenossen von Religion seinen Lesern klar.[431] Angesichts der in dem Artikel gegebenen Beweisführung, unterlegt mit abschreckenden Zitaten, wie „Der Grundcharakter des Alten Testaments ist durch und durch verderbt, unsittlich und anstößig"[432] könne es für die Katholiken keinen Zweifel an der antichristlichen Stoßrichtung geben. Daher fiel das Urteil dieser Instanz des Cartellverbandes eindeutig aus, auch wenn es auf den ersten Blick vorsichtig formuliert erscheinen mag.

> Im Nationalsozialismus stecken gewiß viele gute Gedanken und viel guter Wille. Das kann namentlich den vaterlandsliebenden Menschen anziehen. Aber der Nationalsozialismus muß noch

---

427 Academia, 38. Jg., Nr. 6/7, 15. 11.1925, S. 148.

428 Steinberg: S. 85.

429 Völkischer Beobachter vom 28.5.1925, „Schlageter und kath. Farbenstudententum."

430 Academia. 43. Jg., Nr. 3, 15.7.1930, S. 54.

431 Academia. 43. Jg., Nr. 3, 15.7.1930, S. 55.

432 Academia. 43. Jg., Nr. 3, 15.7.1930, S. 55.

> vieles in seiner grundsätzlichen und praktischen Stellung zu Christentum und Kirche klären, wenn er will, dass gläubige Katholiken unter Duldung durch die katholische Autorität ihm Gefolgschaft leisten sollen.[433]

Mit dem letzten Satz ist für den katholischen Akademiker die entscheidende Aussage formuliert: Die Anhängerschaft zum nationalsozialistischen Gedankengut wird von kirchlicher Seite nicht geduldet.

Aus dem dieser Arbeit zugrunde liegenden Quellenmaterial geht nicht hervor, ob es dennoch zu einer Ausbreitung des verurteilten Gedankengutes im CV kam, doch sieben Monate später folgte ein weiterer Artikel Schlunds, der jegliche Zweifel an der Haltung des Cartellverbandes gegenüber der NSDAP und deren Organisationen ausräumen musste. Denn nach dem Wahlerfolg der NSDAP Ende 1930 hatten die Angriffe gegen die katholische Kirche an Schärfe zugenommen. Ebenso hatte das Buch Rosenbergs, „Der Mythos des 20. Jahrhunderts" die Kirchenfeindlichkeit der Partei untermauert. Das veranlasste Schlund zu unmissverständlichen Worten, wenngleich man im katholischen Lager noch auf eine Äußerung des Papstes wartete.

> Der Nationalsozialismus als solcher ist eine Irrlehre und mit der Lehre und den Forderungen der Kirche nicht vereinbar. [...] Von den Sakramenten ausgeschlossen müssen werden jene, die als Abgeordnete, Schriftleiter und Agitatoren sich für die Gesamtziele der Partei einsetzen, [...]. Im übrigen muß gegenüber dem Nationalsozialismus das Gleiche gelten wie gegenüber dem Liberalismus und dem Sozialismus.

Aus diesen Feststellungen folgte für die Angehörigen des CV:

> Der CV kann in seinen Reihen nicht dulden a) Abgeordnete der Partei in den Parlamenten und in den offiziellen Wahlkörpern an den Hochschulen, b) Schriftleiter nationalsozialistischer Organe und Leiter der Verlage, c) Parteibeamte, d) Agenten, die öffentlich auftreten.[434]

Weiterhin wurde das Tragen von Uniform sowie von Abzeichen der Partei verboten. Im folgenden Jahr verbot die Cartell-Ordnung offiziell das Tragen jeglicher parteipolitischer Abzeichen zu Band und Mütze. Dadurch zeigte der CV, dass es ihm mit der propagierten unpolitischen Haltung ernst war, schloss dies doch auch Parteien wie das Zentrum ein.[435] Im Falle der Marburger Rhenanen bot die Satzung aus dem Jahr

---

433 Academia. 43. Jg., Nr. 3, 15.7.1930, S. 56.

434 Academia. 43. Jg., Nr. 10, 15.2.1931, S. 293f.

435 §92 „Das Tragen parteipolitischer Abzeichen in Couleur ist nicht gestattet." Cartell-Ordnung, in: Academia. 44. Jg., Nr. 12, 15.4.1932, S. 340-346, S. 346.

1914 durch § 7 außerdem die Möglichkeit, nicht philistrierten Mitgliedern die Beteiligung an nicht studentischen, gleich ob korporativen oder nicht korporativen, Organisationen zu verbieten.[436] Notfalls konnte man folglich Bundesbrüder, die sich gegen den Willen der Verbindung politisch engagierten, vor die Wahl stellen: Verbindung oder politische Überzeugung.

Für den Zeitraum der Auseinandersetzung mit dem Nationalsozialismus in der Academia und der Machtübernahme der DSt durch den NSDStB 1931 lässt sich für Rhenania kein Einbruch der Mitgliederzahlen feststellen. Der Unvereinbarkeitsbeschluss des Dachverbandes hatte offensichtlich keine Auswirkungen, die Zahlen blieben stabil bei circa 40 Mitgliedern.[437] Gleiches gilt für die Betrachtung der Mitgliederzahlen der Palaten, die zwischen Sommer 1930 und Wintersemester 1931/32 stabil bei rund 50 Aktiven lagen.[438]

Aufgrund fehlender weiterer Quellen daraus zu schließen, dass die betrachteten Verbindungen resistent gegenüber der Weltanschauung der NSDAP waren und den NSDStB ablehnten, wäre höchst zweifelhaft. Vor dem Hintergrund der eindeutigen Stellungnahme des Dachverbandes und der Bedeutung der Religion für die Einzelverbindung wie für das einzelne Mitglied kann allerdings von einer gewissen Resistenz gegenüber dem NSDStB ausgegangen werden. Denn es ist davon auszugehen, dass für einen Studenten, der sich einer konfessionell gebundenen Verbindung anschloss, die Religion einen wichtigen Faktor im Leben darstellte. Doch wie stark die Worte der CV-Leitung an der Basis wirkten, lässt sich für Marburg nicht befriedigend beantworten.

4.5.2 Der Wingolfsbund

Ähnlich schwierig fällt die Einschätzung des Wingolfsbundes aus. Dieser überkonfessionelle christliche Dachverband, in dem die Verbindungen allesamt Wingolf heißen und von dem es pro Hochschulort eine gibt,[439]

Der Grundsatz der politischen Neutralität des CV, festgeschrieben in § 3 der Allgemeinen Bestimmungen für den Cartellverband (CV) der katholischen deutschen Studentenverbindungen stammt aus dem Jahr 1912. Akte Palatia StAM 305a acc 1954/16 Nr. 58.

436 Akte Rhenania StAM 305a acc. 1954/16 Nr. 59.

437 Akte Rhenania StAM 305a acc. 1954/16 Nr. 59.

438 Akte Palatia StAM 305a acc 1954/16 Nr. 58.

439 Gottschaldt, Eva: „Das ist die Tat unseres herrlichen Führers". Die christlichen Studentenverbindungen Wingolf und der Nationalsozialismus im Spiegel der Verbandspresse. Eine Dokumentation, Marburg 1997, S. 7. Die Mehrheit der Wingolfer war protestantisch, was sich daraus erklärt, dass katholische Studenten überwiegend den katholischen Korporationen beitraten. Marburg bil-

war hin- und hergerissen in seinem Verhältnis zur nationalsozialistischen Idee. Da die Wingolfsbünde untereinander einen engen Zusammenhang pflegen, wie der gemeinsame Name dokumentiert, fällt der Untersuchung der Verbandszeitung, der Wingolfsblätter, ein höherer Stellenwert zu, als dies bei den Korporationen anderer Dachverbände, mit Ausnahme des Kyffhäuserverbandes der Vereine Deutscher Studenten, der Fall ist.

In ihrer Arbeit aus dem Jahr 1997 konzentriert sich Eva Gottschaldt darauf, die Überschneidungen zwischen den Wingolfsverbindungen und der nationalsozialistischen Weltanschauung aufzuzeigen. Dazu führt sie akribisch Beispiele aus Verbandspublikationen an. So stellt sie das unter den Wingolfiten vertretene Rassedenken,[440] die Anknüpfung an den allerdings weitverbreiteten Frontsoldatenmythos[441] und das Fehlen eines Engagements für die kommenden Opfer des Nationalsozialismus heraus.[442] Es ist zwar richtig, wenn Gottschaldt anmerkt, der Wingolfsverband sei den Nationalsozialisten gegenüber um seine Eigenständigkeit besorgt gewesen,[443] doch war dies nicht der einzige Grund für teilweise gepflegte Distanz zu ihm. Die Konzentration auf die Gemeinsamkeiten lässt grundlegende Differenzen aus dem Blickfeld verschwinden.

Denn bei allem Wohlwollen innerhalb des mehrheitlich protestantischen Akademikermilieus und innerhalb des Wingolfsbundes der damaligen Zeit sah man die Gefahren, welche im Zuge des Erstarkens der Nationalsozialisten hervortraten. Der germanisch-sektenhaften Religiosität der Völkischen standen auch die Wingolfer als Christen ablehnend gegenüber. Man verurteilte die damals in okkulten Kreisen populären Auswüchse „Wotansglaube, Anthroposophie oder Theosophie"[444] als Ersatzreligionen. Man misstraute der Propaganda des NSDStB in Teilen ebenso wie die der sozialistischen Gruppierungen, sah in ihren Zielen Gemeinsamkeiten und setzte sie gleich.[445] Die Hetze gegen die christlichen Kirchen, die von den Anhängern der rosenbergschen Rasse-Religion ausging, wurde von einigen Angehörigen des Wingolfsbundes erkannt.

---

det eine Ausnahme von der Regel eines Wingolfsbundes pro Hochschulort. Seit 1930 gibt es in Marburg auch den Clausthaler Wingolf zu Marburg, der aufgrund der Verlegung nach Marburg und der Spaltung des Marburger Wingolfs entstand. Zinn: In Marburg ein Student, S. 237.

440 Gottschaldt: S. 26.

441 Gottschaldt: S. 36f.

442 Gottschaldt: S. 32.

443 Gottschaldt: S. 33. Wingolfsblätter, 60. Jg., Nr. 8, 15.8.1931, S. 349 und 352.

444 Wingolfsblätter, 58. Jg., Nr. 6, 15.6.1929, S. 232.

445 Wingolfsblätter, 59. Jg., Nr. 11, 15.11.1930, S. 433.

Auch der Marburger Wingolfer Pinkerneil, dem Gottschaldt nur seine Ablehnung der Demokratie und eine fehlende grundsätzliche Opposition zur NSDAP vorhält,[446] äußerte Kritik am Nationalsozialismus. Doch war Pinkerneil realistisch genug zu sehen, dass es junge Männer dorthin zog.

> Wir sehen euch [d. h. die Aktiven des Wingolf] mit schwerem Herzen in diesem Lager, weil uns unsere eigene Aufgabe, dort den Gedanken des Christentums zu vertreten, so ungeheuer schwer erscheint, [...].[447]

Pinkerneil war ein Befürworter der Auseinandersetzung mit politischen Fragen der Zeit, doch er sprach sich explizit für einen überparteilichen Charakter aus, weshalb auch Sozialdemokraten Wingolfiten sein konnten. Um einer möglichen politischen Zersplitterung der einzelnen Bünde entgegenzuwirken, sprach er sich gegen das Tragen politischer Abzeichen aus.[448]

Trotz der Bedenken aus religiöser Überzeugung, die Helmuth Schreiner, Alter Herr in einem Wingolf, 1931 in seinem Buch „Der Nationalsozialismus vor der Gottesfrage"[449] publizierte, warben Teile des Verbandes aktiv für die Hitler-Bewegung. Die zutage tretende Uneinheitlichkeit der Wingolfsbünde ist sicherlich auch dem Umstand geschuldet, dass es im Gegensatz zum CV keine Zentralautorität gab, die wie der CV-Seelsorger die Unvereinbarkeit mit dem völkisch-nationalistischen Geist vertrat.

Die Schrift Schreiners wurde in einer Ausgabe der Wingolfsblätter ausführlich rezensiert, und seine Schlussfolgerung wurde verworfen. Zwar tat sich der Befürworter des Nationalsozialismus mit den Christenfeinden in diesem Lager schwer, doch „liegt in dem Begriff des völkischen Ethos viel Richtiges".[450] Statt des Trennenden der Rassegläubigen stellt der Verfasser des Artikels den „Freiheitswillen" und die „Sehnsucht nach Frömmigkeit"[451] in den Vordergrund. Die Einwände des promovierten Theologen Schreiner werden als realitätsfremd verworfen. Stattdessen könne der Nationalsozialismus trotz aller Gefahren „in Gottes Hand ein brauchbares Werkzeug sein, seinen Willen zu vollführen".[452]

---

446 Gottschaldt: S. 23f.

447 Wingolfsblätter, 59. Jg., Nr. 8, 15.8.1930, S. 322.

448 Wingolfsblätter, 59. Jg., Nr. 8, 15.8.1930, S. 320f.

449 Schreiner, Helmuth: Der Nationalsozialismus vor der Gottesfrage. Illusion oder Evangelium, Berlin 1932, S. 62.

450 Wingolfsblätter, 60. Jg., Nr. 12, 15.12.1931, S. 544.

451 Wingolfsblätter, 60. Jg., Nr. 12, 15.12.1931, S. 541 und 547.

452 Wingolfsblätter, 60. Jg., Nr. 12, 15.12.1931, S. 548f.

Innerhalb des Wingolfsbundes offenbart sich das Dilemma, in das die traditionsverpflichteten Verbindungen allesamt gerieten, besonders deutlich. Trotz Bedenkens gegenüber einzelnen Inhalten und dem Totalitätsanspruch des NSDStB an den Hochschulen zog es Teile der Mitglieder in jenes Lager, hauptsächlich junge Mitglieder. Für den Marburger Wingolf stellte Koshar fest, dass vor 1933 12 Wingolfiten der NSDAP angehörten.[453] Weitere Indizien für diese ideologische Orientierung bietet die Erwähnung, dass man auf hochschulpolitischer Ebene die Beziehungen zum Verein Deutscher Studenten weiter ausgebaut hatte, was besonders wichtig in Bezug auf hochschulpolitische Fragen war.[454] Da sich die Vereine Deutscher Studenten besonders durch ihren radikalen Antisemitismus, ihre Republikfeindlichkeit und ihren Nationalismus auszeichneten, die Marburger VDSter bildeten wie dargelegt keine Ausnahme kann auch daraus eine Nähe der aktiven Marburger Wingolfiten zu diesen Inhalten geschlossen werden. Nicht zu vergessen, dass im Wintersemester 1929/30 ein Wingolfit Mitglied der Marburger Hochschulgruppe des NSDStB war.[455]

---

453 Koshar: Social Life, S. 292.

454 Wingolfsblätter, 57. Jg., Nr. 11, 15.11.1928, S. 423.

455 Akte NSDStB Sektion Marburg 305 a I. acc. 1954/16 Nr. 1 Aktz. III. E. II/44.

5 Der Erfolg des NSDStB und der neue Kampf gegen die Korporationen

5.1 Täuschungsmanöver auf dem Weg zur Macht

5.1.1 Mensur und Nationalsozialisten

Um insbesondere die Jungakademiker der schlagenden Verbände, wie beispielsweise der prestigeträchtigen Corps, der Burschenschaften, Landsmannschaften, Turnerschaften und Vereinen Deutscher Studenten an sich zu binden, versuchten die NS-Studenten, sich über die politische Dimension der weltanschaulichen Gemeinsamkeiten hinaus an sie zulehnen. Die während der Weimarer Republik in die Kritik der breiteren Öffentlichkeit geratene Praxis der Mensur bot ihnen für diesen Zweck einen Anknüpfungspunkt. Innerhalb der Studentenschaft fühlten sich die schlagenden Korporierten, auch Waffenstudenten genannt, besonders elitär, galt ein Schmiss doch als Eintrittskarte in die höhere Gesellschaft und war verbunden mit einem beruflichen Protektionismus. Außerdem dokumentierte der Schmiss auch Einsatz- und Risikobereitschaft, Tugenden, die positiv besetzt waren.[456] Durch ihre Unterwerfung unter dieses traditionell-wertrationale Selektionskriterium der Mensur bildeten die schlagenden Korporationen in besonderem Maße eine Werteelite innerhalb des moralischen Koordinatensystems der Zeit.[457] So sollte die Mensur den Studenten zu einem „Geist der Tapferkeit"[458] erziehen. Durch die Konfrontation mit einem Gegner im fairen, selbst gewählten Aufeinandertreffen des Zweikampfs mit der blanken Waffe soll der Student, laut Beitrag im Studentenhistorischen Lexikon lernen, dass

> die Achtung des Gegners, das bewußte Eingehen eines persönlichen Risikos, die Überwindung des eigenen Ichs, und das immer neue Bekenntnis, daß auch in dieser Welt des 20. Jh.s, in diesem Zeitalter der Technik, es noch immer nicht nur auf den technischen Fortschritt, [...] sondern insbesondere auch darauf [ankommt], welche Idee und welcher Geist diese Welt regiert.[459]

---

456 Schäfer: S. 114.

457 Seemann, Birgit-Katharine: Das Konzept der „Elite(n)". Theorie und Anwendbarkeit in der Geschichtsschreibung, in: Führer, Karl Christian/ Hagemann, Karen/ Kundrus, Birthe [Hg.]: Eliten im Wandel. Gesellschaftliche Führungsschichten im 19. und 20. Jahrhundert, Münster 2004, S. 24-41, S. 29.

458 Landsmannschafter-Zeitung, 40. Jg., Nr. 4, April 1926, S. 77.

459 Mensur, in: Paschke, Robert: Studentenhistorisches Lexikon. Aus dem Nachlaß herausgegeben und bearbeitet von Friedhelm Golücke, Köln 1999, S. 179.

Auch wenn das Zitat aus einer Publikation deutlich nach dem Untersuchungszeitraum dieser Arbeit stammt, so darf doch davon ausgegangen werden, dass die vertretene Auffassung auch damals schon gültig war. Damals wie heute stellt die Mensur zugleich ein Selektionsmittel für die Korporation und auch einen Initiationsritus für das einzelne Mitglied dar. Der Bund vermeidet so die Aufnahme von Personen, die nicht zum Ritual der Mensur stehen, der Einzelne wird erst durch die Mensur vollwertiges Mitglied der Verbindung.[460]

An dieser Stelle ist ein kritisches Wort zur Darstellung der Mensur in der Dissertation von Peters angebracht. So treffend er die Funktion der Mensur schildert, so problematisch ist doch seine Herangehensweise an dieses Thema. Da ihm als ehemaligem Angehörigen der katholischen und damit nicht-schlagenden Verbindung Palatia Marburg[461] die Mensur fremd ist, werden seine Ausführungen durch das Zitieren des Romans „Der krasse Fuchs" von 1911 nicht wissenschaftlicher, bezieht er sich doch auf ein belletristisches Beispiel.[462] Die Deutungsversuche des ritualisierten Zweikampfs der schlagenden Studenten durch die Trieblehre Sigmund Freuds und damit durch Vereinigungswunsch und sexueller Aggression scheinen fragwürdig, da Freuds Lehren nicht unumstritten, mittlerweile doch zumindest nicht mehr aktuell sind.[463] Es scheint, als wolle der Autor durch die Verbindung von Sexualität und Mensur Letztere lächerlich machen.

Problematisch an der Austragung der Mensuren war während der republikanischen Phase der Umstand, dass sie seit 1919 illegal war.[464] Das Strafmaß sah 1929 nach Verschärfungen Haftstrafen von bis zu drei Jahren vor. Auch Zeugen und Sekundanten einer Mensur mussten mit Strafen rechnen.[465] Allerdings ging die Justiz nicht konsequent gegen die Missachtung des Mensurverbots vor, möglicherweise aus Angst vor einflussreichen Alten Herren, wie Dietrich Heither annimmt.[466] Im Fall von Marburg verhielt sich die Polizei äußerst wohlwollend, wie die

---

460 Peters, Stephan: Elite sein. Wie und für welche Gesellschaft sozialisiert eine studentische Korporation? Marburg 2003, S. 229.

461 Peters bekleidete bis zu seinem Ausscheiden zweimal das Amt des Fuchsmajors (FM) und einmal die 1. Charge (X). Siehe Festschrift zum 80. Stiftungsfest der KDStV Palatia im CV zu Marburg. Marburg 1987, S. 188. Dass es sich dabei um den Autor der Dissertation Stephan Peters handelt, ist dem Autor von mehreren Marburger Korporierten versichert worden.

462 Peters: S. 222f. Bloem, Walter: Der krasse Fuchs, Leipzig 1911, S. 123-126.

463 Peters: S. 224.

464 Kater: Studentenschaft und Rechtsradikalismus, S. 33.

465 Wingolfsblätter, 58. Jg., Nr. 10, 15.10.1929, S. 429.

466 Heither: Verbündete Männer, S. 207.

Chronik der Landsmannschaft Nibelungia berichtet. Denn trotz des Verbotes blieben Kontrollen des Mensurlokals der Landsmannschaften in Wehrda, einem Dorf in unmittelbarer Nachbarschaft zu Marburg, folgenlos und beeinträchtigten die Vorgänge nicht.[467]

Auf welches Unverständnis der Brauch der Mensur in den 1920er-Jahren in Teilen der Bevölkerung stieß, sollen zwei Karikaturen zeigen, die im November 1929 in den Burschenschaftlichen Blättern als Beispiele des Kampfes gegen das Waffenstudententum veröffentlicht wurden.[468] In der Rheinischen Zeitung aus Köln verspottet der Karikaturist das mitunter blutige Ritual der Mensur als angeblich „edle Kultur", die man verbieten wolle. Diese Aussage lässt er eine als Waffenstudenten erkennbare Figur mit Gesicht voller Schmisse tätigen. Die Abbildung aus der Dresdner Volkszeitung zeigt nicht nur zwei stereotypisch verzerrte Korporiertengestalten in Anzug, Band, Mütze, den einen besonders füllig, den anderen mit verkniffenem Gesicht, sondern stellt auch politische Bezüge her. So hat die linke Gestalt ein Hakenkreuz am Revers und stellt durch die Äußerung, im Falle der Gefängnisstrafe auf Mensurschlagen der Hitler-Partei beizutreten und mit dem Knüppel zuzuschlagen, eine Nähe zwischen Waffenstudenten und Nationalsozialismus her. Dass sowohl derartige Angriffe aus der Presse als auch der Beschluss der Regierung nicht dazu angetan waren, das von vorneherein beschädigte Verhältnis zwischen akademischem Nachwuchs und Republik zu verbessern, ist offensichtlich. Ein anonymer Beitrag in der Landsmannschafter-Zeitung kommentiert eine Razzia während einer Mensur in Berlin mit den Worten: „Die Werbung um die Seele der Jugend liegt wirklich in geschickten Händen".[469] Die Abneigung der schlagenden Akademiker richtete sich gegen Sozialdemokraten und Zentrumspolitiker, die unter anderem 1925 eine Verschärfung der Strafen forderten. Da die katholische Zentrumspartei nicht selten Angehörige entsprechend konfessioneller Verbindungen in ihren Reihen hatte, kam es im Zuge der Entwicklung zu einer Verschlechterung des Verhältnisses zwischen schlagenden und katholischen Verbindungen.[470]

Zwar endeten Verfahren, sofern sie eröffnet wurden, nicht zwangsläufig mit Verurteilungen, zumal Mediziner die Ungefährlichkeit attestierten,[471] doch gefährdete das mögliche Strafmaß die berufliche Laufbahn erheb-

---

467 Koch, Alfred: Nibelungia 1879-1979, Marburg 1985, S. 29.

468 Burschenschaftliche Blätter, 44. Jg, Nr. 2, November 1929, S. 49. Siehe Anhang 3, „Karikaturen zu den Mensurbeschlüssen."

469 Landsmannschafter-Zeitung, 44. Jg., Nr. 12, Dezember 1930, S. 262.

470 Baum: Kösener SC-Verband, S. 164f.

471 Landsmannschafter-Zeitung, 39. Jg., Nr. 9, September 1925, S. 202.

lich. Denn im Falle einer Gefängnisstrafe blieb den Verurteilten der berufliche Weg in den Staatsdienst verwehrt. Folglich sah man darin einen Angriff der Regierung auf das Waffenstudententum insgesamt, wie der Landsmannschafter Weiland es formulierte.[472] Ähnlich sah es auch ein Vertreter der Landsmannschaft Hasso-Borussia Marburg, der zum verbandsübergreifenden Vorgehen gegen die Mensurgegner aufrief.[473] Argumentativ setzte man zum einen auf die Unterscheidung zwischen Duell und Mensur. Im Gegensatz zum Duell, dem ein Ehrenhandel zugrunde liegt, geht es bei der Mensur um die Erprobung von Mut und Geschicklichkeit.[474] Um die Harmlosigkeit des akademischen Fechtens im Gegensatz zu anderen Sportarten, vor allem dem Boxen, hervorzuheben, veröffentlichte die Landsmannschafter-Zeitung seit 1927 immer wieder Auflistungen von tödlichen Sportunfällen.[475] Darüber hinaus warnte man, dass im Falle des Mensurverbots das Pistolenduell eine Renaissance erleben werde, da es leichter, schneller und mit weniger Mitwissern durchzuführen sei.[476]

Dem um seine Existenz bangendem Waffenstudententum sekundierten in dieser Situation die Nationalsozialisten. Schon im Sommer 1926 fand sich auf der Titelseite des Völkischen Beobachters ein Plädoyer für die Bestimmungsmensur. Dem Artikel zufolge verhindere ein Verbot die „Wehrhaftmachung" zugunsten des „Vaterlandsverrätergeistes".[477] Da der Nationalsozialismus ebenfalls ein Kämpfer-Ideal propagierte, war das Schlagen von Fechtpartien für ihn deutbar als „Ehr- und Wehrerziehung".[478] Im Rahmen der Mensurdebatte 1930 ergriff die NSDAP auch im Parlament Partei für das studentische Brauchtum.[479] Dadurch war eine publikumswirksame Solidaritätsbekundung gegeben, welche die Sympathie und Verbundenheit demonstrieren sollte, die wiederum auch

---

472 Landsmannschafter-Zeitung, 40. Jg., Nr. 3, März 1926, S. 54.

473 Hessen-Preussen-Zeitung, 33. Jg., Nr. 4, 3.7.1930, S. 26. In einem Fall ergriff sogar ein Angehöriger des nichtschlagenden Wingolfsbundes Partei für die Waffenstudenten. Wingolfsblätter, 58. Jg., Nr. 10, 15.10.1929, S. 430.

474 Landsmannschafter-Zeitung, 40. Jg., Nr. 3, März 1926, S. 53.

475 Landsmannschafter-Zeitung, 41. Jg., Nr. 9, September 1927, S. 210. 41. Jg., Nr. 11, November 1927, S. 273f. 43. Jg., Nr. 4, April 1929, S. 76-77. Dabei ist das Beispiel eines tot zusammengebrochenen Läufers im letzten Beispiel sehr weit hergeholt.

476 Landsmannschafter-Zeitung, 42. Jg., Nr. 1, Januar 1928, S. 5.

477 Völkischer Beobachter vom 31.7.1926, „Die Studentenmensur ." (Titelseite)

478 Heither: Verbündete Männer, S. 209.

479 Weber: Corps, S. 85.

publizistischen Niederschlag fand.[480] Nach dem Umbruch des Jahres 1933 hielt die neue Reichsregierung zunächst ihr Wort und erklärte die Mensur für straffrei.[481] Die kommenden Jahre des Dritten Reiches zeigten allerdings, dass das Eintreten für die verbindungsstudentische Sitte nur Mittel zum Zweck war, als man mit der Beseitigung der Korporationen begann.[482]

5.1.2 Ehrenordnung und Erfurter Abkommen

Das Eintreten für die Mensur war nicht der letzte Anbiederungsversuch des Hochschulbundes. Um bei den etablierten Korporationen im Ansehen zu steigen, mussten die Studenten im Braunhemd versuchen, ihnen auf Augenhöhe gegenüberzutreten. Angesichts des korporationsstudentischen Elitebewusstseins und der hohen Bedeutung des Ehrbegriffs bemühte man sich unter der Leitung von Schirachs, dem NSDStB durch einen Ehrenkodex Anerkennung zu verschaffen.[483] Zu diesem Zweck schuf er im Juli 1930 eine Ehrenordnung für dessen Angehörige.[484] Der erste Grundsatz war: „Wahre deine eigene Ehre ebenso, wie du die Ehre anderer achtest." An den Ehrbegriff knüpfte die Ordnung auch das Prinzip der Genugtuung. Da in Punkt Vier der Ordnung der Studentenbund als politischer Verband charakterisiert wurde, in dessen Reihen es auch Gegner der Satisfaktion mit der Waffe gebe, wurde lediglich die „verbriefte Satisfaktion" gewährt. Dies bedeutete letztlich, dass ein NS-Student, der keinen Ehrenhandel mit der Waffe austragen wollte, von seinem Hochschulbund vertreten werden konnte, wie in Punkt Neun dargelegt war.[485] Dabei sollte die Satisfaktion nach dem Waidhofener Grundsatz erfolgen, also jüdischen Kontrahenten die Genugtuung verweigert werden.[486]

Die grundsätzliche Bereitschaft, sich den akademischen Gepflogenheiten zu unterwerfen, verfehlte ihre Wirkung nicht. Die Burschenschaften, die ohnehin eine große Affinität zum Hochschulbund aufwiesen, begrüßten die Ehrenordnung. Besonders die dort vorgeschriebene schnelle Rege-

---

480 Hessische Volkswacht vom 24. Dezember 1930, „Hetze gegen Mensur und Zweikampf."

481 Baum: Kösener SC-Verband, S. 165f.

482 Dieses Kapitel der Studentengeschichte liegt außerhalb des Untersuchungsrahmens dieser Arbeit. Für Marburg bietet die Arbeit von Zinn „Republik und Diktatur" auf den Seiten 393 bis 413 eine genaue Untersuchung der Vorgänge. Ein allgemeiner Überblick findet sich bei Grüttner auf den Seiten 303 bis 316.

483 Weber: Corps, S. 84f.

484 Weber: Corps, S. 86.

485 Ehrenordnung des NSDStB in Faust: Band 2, S. 153f.

486 Weber: Corps, S. 89.

lung im Falle von Streitigkeiten fand besonders lobende Erwähnung. Kritisch sah man jedoch den 16. Punkt der Ehrenordnung, wonach Beleidigungen innerhalb des Studentenbundes nicht mit der Waffe geklärt werden konnten.[487]

Die Bemühungen des NSDStB, die Anerkennung durch die schlagenden Bünde des Allgemeinen Deutschen Waffenrings zu erlangen, waren erfolgreich. Sie führten schließlich zu Verhandlungen über die Anerkennung des Studentenbundes und fanden ihren Abschluss im sogenannten Erfurter Abkommen, das Ende Januar 1931 von beiden Seiten unterzeichet wurde. Diese Vereinbarung sollte eine „Festigung des Hochschulfriedens" bewirken, indem nationalsozialistische Hochschulgruppen und politische Interessenvertretungen der unterzeichnenden Verände sich nicht bekämpfen sollten. Nicht nur den korporierten Angehörigen unter den Jungakademikern im Braunhemd sollte dieses Abkommen die Freiheit einräumen, bei ASTA-Wahlen unter keinem Fraktionszwang hinsichtlich der Stimmabgabe zu stehen. Jeder Angehörige der unterzeichnenden Verbände war durch das Abkommen frei in seinem Wahlverhalten.[488] Tatsächlich wurde so ein doppeltes Loyalitätsverhältnis für die Studenten mit Doppelmitgliedschaft geschaffen. Die Verbände glaubten, mit dem Abkommen habe sich der NSDStB der akademischen Disziplin und dem studentischen Ehrenkodex der Satisfaktion unterworfen. Im Gegenzug war man ihm dafür von korporierter Seite in Fragen der Hochschulpolitik entgegengekommen.[489] Doch in Wahrheit hatten die Verbandsspitzen der ADW-Bünde ihren Mitgliedern die Wahlfreiheit zugunsten der Nationalsozialisten eingeräumt. Wie im folgenden Unterkapitel dargestellt, sollte dies in Marburg und anderen Universitätsstädten die Mehrheitsverhältnisse in den Studentenvertretungen dramatisch verändern. Im Gegensatz zu den Verbandsführern wurde die drohende Gefahr von Teilen der Basis erkannt. Bemerkenswerterweise war das bei den Marburger Arminen der Fall. So war diese Burschenschaft gegen die Mehrheit des eigenen Verbandes gegen die Annahme des Erfurter Abkommens.[490] Man fasste später, als es bereits zu spät war, den Beschluss, den Aktiven die Mitgliedschaft in Vereinigungen auch parteipolitischer Art, zu verbieten. Ausnahmen konnten nur mit Zweidrittelmehrheit eines Conventes gewährt werden.[491] Die Verbindungen des Allgemeinen Deutschen Waffenrings und auch der anderen Verbände sahen sich ei-

---

487 Burschenschaftliche Blätter, 45. Jg., Nr. 1, Oktober 1930, S. 19. Ehrenordnung des NSDStB in Faust: Band 2, S. 155.

488 „Erfurter Abkommen" in: Faust: Band 2. S. 155.

489 Weber: Corps, S. 90.

490 Marburger Arminen-Zeitung, 21. Jg., Nr. 4/5, Juli bis September 1931, S. 26.

491 Marburger Arminen-Zeitung, 22. Jg., Nr. ½, Februar-Mai 1932, S. 2.

nem vermeintlichen Partner gegenüber, der nicht gewillt war, sich an Abkommen zu halten, sondern seine Machtpolitik durchzusetzen.[492]

5.2 „Machtergreifung" 1931 und Machtsicherung

Bereits knapp eineinhalb Jahre vor dem 30. Januar 1933, dem Tag der sogenannten „Machtergreifung" Hitlers, erlangten dessen Anhänger an den Universitäten die Kontrolle über die Deutsche Studentenschaft. Dies gelang ihnen im Rahmen des 14. Deutschen Studententages im Sommer 1931 in Graz. Dabei war die Wahl des Ortes vor dem Hintergrund des Verfassungsstreites seit 1927 als Stellungnahme zum großdeutschen Prinzip zu verstehen.[493]

Schon im Vorfeld der Veranstaltungen hatten die Nationalsozialisten gezeigt, dass sie die Führungsrolle des akademischen Nachwuchses beanspruchten. Das taten sie gestärkt durch gewonnene ASTA-Wahlen, die ihnen die Mehrheit im Hauptausschuss der Deutschen Studentenschaft eingebracht hatten. So konnten sie den Termin des Studententags, den 18. Juli durchsetzen, nachdem der scheidende, nicht nationalsozialistische Vorstand den ursprünglichen Termin, den 15. Juli, am 13. Juli unter Hinweis auf die allgemeine politische Lage abgesagt hatte. Doch waren schon Vertreter des NSDStB in Graz eingetroffen und pochten auf die Abhaltung des Treffens. Um den Vorstand unter Druck zu setzen, brachten sie Gerüchte in Umlauf, wonach der Vorstand die Nationalsozialisten fürchte. Wie zu erwarten setzten sich die Nationalsozialisten in der Hauptausschusssitzung am 16. Juli in Berlin gegen den Vorstand durch, und der Studententag begann in angespannter Atmosphäre verspätet am 18. Juli.[494] Der Hochschulbund hatte schon im Vorfeld seine Stärke gezeigt, die es ihm ermöglichte, seinen Willen durchzusetzen.

Dabei hatte es noch im Frühjahr 1931 um den Reichsleiter von Schirach eine seit Längerem schwelende Führungskrise gegeben. Kritiker Schirachs waren unzufrieden mit dessen Führungsstil[495] und dem Widerspruch des Bundes zwischen Eliteanspruch einerseits und Massenausrichtung andererseits. Letztlich profitierte der angegriffene Reichsleiter von seinem guten Verhältnis zu Hitler, der im Rahmen einer Führerringsitzung am 2. Mai 1931 für ihn Partei ergriff und dabei seine Verachtung gegen Intellektuelle offenbarte. Wie Anselm Faust meint, sorgte Hitler vor allem im Hinblick auf den nahenden Studententag höchstpersönlich

492 Faust: Band 2, S. 17.

493 Wingolfsblätter, 60. Jg., Nr. 8, 15.8.1931, S. 346.

494 Academia, 44. Jg., Nr. 4, 15.8.1931, S. 90.

495 Faust: Band 1, S. 158 und S. 155.

für eine endgültige Entscheidung über die Führung des Hochschulbundes.[496]

Wieder auf ihren Reichsleiter ausgerichtet, machten sich die nationalsozialistischen Studenten daran, die Kontrolle über die DSt zu übernehmen. In Graz forderten die Hochschulbündler gegen den Widerstand der Korporiertenverbände, auf zwei der drei Plätze des Vorstandes ihre Kandidaten zu wählen. Die Verhandlungen über die Kandidaten müssen sich sehr schwierig gestaltet haben, da die Korporationen ihrer Stellung gemäß im Vorstand berücksichtigt werden wollten. Laut corpsstudentischer Geschichtsschreibung wehrten sie sich besonders energisch gegen die nationalsozialistische Politisierung.[497]

> Kurz vor den Wahlen in der Vollsitzung gelang es schließlich, einen Einigungsvorschlag herauszubringen, der so sehr als Erlösung empfunden wurde, daß die ganzen Wahlen in kürzester Zeit einstimmig durchgeführt werden konnten.[498]

Das Resultat war, dass der Nationalsozialist Lienau Vorsitzender wurde und die beiden anderen Vorstandsposten mit Gierlichs, laut Burschenschaftlichen Blättern einem dem CV[499] nahe stehenden Studenten, und Askevold, einem Corpsstudent und Nationalsozialist, besetzt wurden.[500] Der Kompromisscharakter der Gewählten wird in der Person Askevolds besonders deutlich.

Trotz aller ideologischen Gemeinsamkeiten und der Zustimmung zu den propagierten Zielen Hitlers ist der Ton der Artikel in den meisten Dachverbandszeitungen über den Grazer Studententag auffallend verhalten. Im Urteil eines Grazer Arminen in den Burschenschaftlichen Blättern stoßen der Absolutheitsanspruch und der Verhandlungsstil der nationalsozialistischen Vertreter auf Kritik.[501] Die Hoffnung des Autors, der NSDStB sei sich seiner Verantwortung bewusst und werde keine partei-

---

496 Faust: Band 1, S. 162f.

497 Weber: Corps, S. 106.

498 Academia, 44. Jg., Nr. 4, 15.8.1931, S. 92.

499 Der CV trug, aller Abneigung gegenüber dem Nationalsozialismus und der Unvereinbarkeit einer Mitgliedschaft in seinen Organisationen zum Trotz, die nun nationalsozialistisch geführte DSt mit. Die anderen katholischen Verbände, der KV, Unitas- und Hochland-Verband, hatten im März 1931 die Zusammenarbeit mit der DSt wegen deren Staatsfeindlichkeit und Rasseprinzipien gekündigt. Bleuel/Klinnert: S. 217.

500 Burschenschaftliche Blätter, 45. Jg., Nr. 12, August/September 1931, S. 295. Academia Nr. 4 14.8.1931, S. 92.

501 Burschenschaftliche Blätter, 45. Jg., Nr. 12, August/September 1931, S. 292 und 295.

politische Ausnutzung der DSt betreiben,[502] mutet nicht nur im Rückblick naiv an. Möglicherweise ließ er sich, wie andere Korporierte auch, durch das Erfurter Abkommen zwischen Hochschulbund und Korporationen beruhigen. In der monatlich erscheinenden Landsmannschafter-Zeitung störte man sich lediglich daran, dass die neue tonangebende Gruppe sich Gelder sicherte, wie zuvor andere Parteien auch, denn man fürchtete daraus ableiten zu können, dass auch die Nationalsozialisten die bisherige Organisationsform der DSt übernehmen würden. Die Abneigung des Parlamentarismus war unter den Landsmannschaftern nur zu verbreitet, wie der Autor beweist.[503] Von Bedenken, wie in den Berichten anderer Verbindungsarten über die Ereignisse in Graz, findet sich bei der Deutschen Landsmannschaft nichts. In diesem Fall überwog 1931 der Optimismus.[504] In den Wingolfsblättern äußert sich der Berichterstatter über den Studententag besorgt angesichts der großen Zahl der Nationalsozialisten in der DSt und deren Einfluss auf den Kurs der Organisation.[505] Die Sorgen bestätigten sich in den folgenden Monaten, in denen die DSt durch Reden und Studienwochen für die Zwecke der NS-Propaganda eingespannt wurde.[506] Die in allen Korporationsverbänden immer wieder geäußerten Vorbehalte wegen des Absolutheitsanspruchs der Nationalsozialisten verstummten bis zur Gleichschaltung nach 1933 nicht. Kritik an den Inhalten der Ideologie wurde jedoch nicht geübt,[507] außer, wie gezeigt, im katholischen Lager.

Ähnliches hatte sich während des Semesters schon in Marburg ereignet, wo die Kammer der Studentenschaft einseitig nationalsozialistisch vereinnahmt wurde.[508] An der Philipps-Universität war wenige Tage vor dem Grazer Studententag die studentische Vertretung unter die Kontrolle des NSDStB gekommen. Denn die freien Kammerwahlen zur Allgemeinen Marburger Studentenschaft im Sommersemester 1931, für die sich der Hochschulbund, wie gegenüber den Freistudenten versichert, engagiert hatte, brachten ihm auf demokratisch legitimiertem Weg den Erfolg. Durch das Erfurter Abkommen waren die Korporierten nun nicht mehr an Korporationslisten gebunden und unterlagen hochschulpolitisch nicht mehr ihren Conventen, weshalb der Spitzenkandidat des örtlichen Hochschulbundes, Huebner, ausdrücklich um Verbindungs-

---

502 Burschenschaftliche Blätter, 45. Jg., Nr. 12, August/September 1931, S. 294.

503 Landsmannschafter-Zeitung, 45. Jg., Nr. 11, November 1931, S. 250f.

504 Landsmannschafter-Zeitung, 45. Jg., Nr. 11, November 1931, S. 252.

505 Wingolfsblätter, 60. Jg., Nr. 8, 15.8.1931, S. 352.

506 Steinberg: S. 113.

507 Heither: Verbündete Männer, S. 222.

508 Matheis: S. 71.

studenten warb.[509] Außerdem war es durch eine neue Satzung der Marburger Studentenschaft kleinen Gruppen möglich, eine eigene Wahlliste zu stellen, sobald sie 50 Unterstützungsunterschriften vorlegen konnten. Damit war die bisherige Vormachtstellung der Einheitslisten gebrochen und der Weg frei für Gruppen, die durch Aktionismus auf sich aufmerksam machten, wie dem NS-Hochschulbund.[510]

Geschult durch jahrelange Erfahrung auf dem Feld der Propaganda, führten seine Mitglieder in Marburg seit Ende April einen Wahlkampf, der mit einer Großveranstaltung am 7. Juli, dem Tag vor der Wahl, enden sollte.[511] Doch aus Furcht vor möglichen Ausschreitungen verbot Oberbürgermeister Müller Kundgebungen aller politischen Gruppen in den Tagen vor dem Urnengang.[512] Die Reaktion der Nationalsozialisten war eine Protestkundgebung am 4. Juli, für die unter anderem Baldur von Schirach als Redner angekündigt wurde.[513] Diese genehmigte Versammlung wurde jedoch wegen republikfeindlicher Parolen der Teilnehmer von der Polizei aufgelöst, worauf es zu Tumulten und Spontankundgebungen, unter anderem vor der Wohnung des Oberbürgermeisters, kam.[514] Da die Ordnungshüter den Protest gewaltsam auflösten, titelte die „Hessische Volkswacht" in ihrer nächsten Ausgabe „Terror gegen Marburger Studenten!"[515]

Trotz oder möglicherweise gerade wegen dieses aggressiven Auftretens, welches den NSDStB-Angehörigen hohe mediale Aufmerksamkeit brachte, triumphierten sie an den Wahlurnen. Bei einer Wahlbeteiligung von 72 % konnten sie 21 der 42 Kammersitze erringen. Die übrigen Plätze verteilten sich wie folgt: elf für den Nationalen Block aus Korporierten und Freistudenten, sechs für den Deutsch-Akademischen Ring, drei für die Arbeitsgemeinschaft katholischer Frei- und Korporationsstudenten und ein Sitz konnte vom Ring deutscher Studentinnen gewonnen werden.[516] Mit dieser Mehrheit konnte der Hochschulbund in Marburg seine Machtsicherung ungehindert betreiben. Dies dürfte ihm umso leichter

509 Hessische Volkswacht vom 4./5. Juli 1931, „Korporationsstudent - Nationalsozialist."

510 Zinn: Republik und Diktatur, S. 243.

511 Zinn: Republik und Diktatur, S. 244.

512 Oberhessische Zeitung vom 8.7.1931, „Die Vorgänge am 4. Juli", S. 4.

513 Oberhessische Zeitung 4.7.1931, „Heraus zur Protestveranstaltung", S. 10.

514 Oberhessische Zeitung vom 6.7.1931, „Aufgelöste Versammlung", S. 4. Matheis: S. 82-84.

515 Hessische Volkswacht vom 6. Juli 1931, „Terror gegen Marburger Studenten!"

516 Landsmanschafter-Zeitung, 45. Jg., Nr. 8, August 1931, S. 199.

gefallen sein, da von der zweitstärksten Gruppe, dem Nationalen Block, keine inhaltliche Gegnerschaft zu erwarten war.

Als Folge der Mehrheitsverhältnisse stellte der Hochschulbund den ersten Vorsitzenden, den ersten Schriftwart, übernahm das Soziale Amt, Presse-, Vortrags- und Wohnungsamt und stellte zudem noch ein außerordentliches Vorstandsmitglied. Die in der Propaganda so oft bemühte Überparteilichkeit wurde fallengelassen zugunsten einer offen betriebenen Parteipolitik im Sinne der NSDAP. So verschwanden rasch die Unterschiede zwischen NSDStB und AMSt, die von nun an nicht mehr vom Hochschulbund unterschieden werden konnte.[517] Allerdings kann auch nicht von einer Feindschaft der anderen Gruppen gegenüber der nationalsozialistischen Mehrheit gesprochen werden, sodass es keine echte Opposition in der Kammer gab. Zudem nahmen die Hitler-Anhänger sich mit der Organisation und Durchführung des Wehrsports eines Themas an, das schon lange von den Verbindungen vorangetrieben worden war. Eine der ersten Amtshandlungen der neuen Führung war die Schaffung eines Referats für Wehrfragen unter nationalsozialistischer Leitung.[518]

Durch den Erdrutschsieg und der daraus resultierenden Vormachtstellung war das Verhältnis zwischen Hochschulleitung und Allgemeinen Marburger Studentenschaft unter nationalsozialistischer Leitung ruhig; der Direktor zeigte sich erfreut über das Ausbleiben politischer Ausschreitungen.[519] Wie hätte es auch dazu kommen können? Die Dominanz der vorherrschenden nationalen bis nationalsozialistischen Gesinnung war doch so drückend, und anti-nationalistische Studenten waren in der Minderheit. Angesichts eines fehlenden pro-republikanischen oder gar sozialistischen Milieus unter den Studierenden war folglich nicht mit Ausschreitungen zu rechnen.

Es hat den Anschein, dass die Marburger Studenten mit der Arbeit der Kammer zufrieden waren, die sich oftmals in nicht hochschulpolitischen Projekten, wie beispielsweise dem Wehrsport oder Kampagnen gegen andersdenkende Dozenten erschöpfte.[520] Die Kammerwahl 1932 legt diese Ansicht nahe. Zwar war die Beteiligung mit 63 % geringer als im

---

517 Matheis: S. 87f.

518 Matheis: S. 96f. Der Bünde des Kyffhäuserverbandes der Vereine Deutscher Studenten hatten während der Weimarer Republik auch ohne Vorgabe durch den Dachverband bereits ausgiebig Wehrsportübungen betrieben. Zirlewagen: Kyffhäuser-Verband in der Weimarer Republik, S. 129f. Zur Entwicklung des Wehrsports insbesondere unter den Studenten zwischen den Weltkriegen siehe Sanker: S. 58-70.

519 Zinn: Republik und Diktatur, S. 275.

520 Zinn: Republik und Diktatur, S. 259f.

Vorjahr, aber der NSDStB konnte seine Mehrheit auf 62,9 % ausbauen. Ihm folgten mit 23,3% der Nationale Block und mit 4,7 % der Ring Deutscher Studentinnen. Eine überparteiliche Arbeitsgemeinschaft erreichte 8,4 % der Stimmen.[521] Die nationalsozialistische Marburger Hochschulgruppe, mittlerweile auf 69 Mitglieder angewachsen,[522] konnte optimistisch in die Zukunft blicken und musste politisch auf niemanden mehr Rücksicht nehmen, auch nicht auf die Korporationen.

5.3 Maßnahmen gegen die Unterstützer: NSDStB contra Korporationen 1931 bis 1933

> Die deutschen Korporationen erzogen nicht mehr den politischen Soldaten, sie schenkten dem Volke nicht mehr Männer und Führer, sondern vornehme Gesellschafter. Der Wert eines Menschen wurde nicht mehr an seiner politischen Tatkraft und Einsatzbereitschaft, sondern an seiner Bierfestigkeit und seinem gesellschaftlichem Vermögen gemessen.[523]

Innerhalb nationalsozialistischer Kreise hatten die alten Ressentiments gegenüber dem Bildungsbürgertum samt dem verbindungsstudentischen Brauchtum die Phase der Kooperation überdauert. Nachdem die DSt durch demokratische Wahlen in die Hände des NSDStB gelangt war, richtete sich die Agitation nun gegen die Kommilitonen mit Band und Mütze, denen man insgeheim stets misstraut hatte.

Bis in die erste Hälfte des Jahres 1932, so scheint es, begrüßten die Verbindungsstudenten die neue Politik der Deutschen Studentenschaft, mit Ausnahme der katholischen Bünde des CV. Aufgrund dessen Unvereinbarkeitserklärung von Katholizismus und Nationalsozialismus hatte es bereits Anfang 1932 Auseinandersetzungen zwischen CV und NSDStB gegeben.[524] Doch der Anspruch, dass korporierte Abgeordnete des Hochschulbundes in hochschulpolitischen Belangen ihrer Fraktion und nicht ihrem Convent unterliegen, führte nun zum Bruch.[525] Dieser Beschluss bedeutete nichts weniger, als dass aufgrund des hierarchischen Aufbaus nach dem Führerprinzip letztlich die Reichsleitung des Hochschulbundes die Linie der einzelnen Hochschulgruppen vorgab. Während der Hauptausschusssitzung der Deutschen Studentenschaft am 19. März 1932 traten die bisherigen Vertreter der Verbindungen zurück. Allerdings blieb dieser Schritt ohne Wirkung, da ihre Plätze von den Natio-

521 Zinn: Republik und Diktatur, S. 279.

522 Akte NSDStB Sektion Marburg StAM 305 a I. acc. 1954/16 Nr. 1, Blatt 40-41.

523 Düning: S. 100.

524 Faust: Band 2, S. 30.

525 Zinn: Republik und Diktatur, S. 281.

nalsozialisten freundlich gesinnten Korporierten besetzt wurden.[526] So bemühte man sich, die unterschiedlichen verbindungsstudentischen Verbände gegeneinander aufzuhetzen und die Masse der Korporierten gegen ihre Verbandsführer auszuspielen.[527]

Um stets informiert zu sein, wie die Stimmung in den einzelnen Bünden war, bemühte man sich, möglichst in jeder Verbindung einen nationalsozialistischen Parteigänger zu platzieren, der Interna an die Hochschulgruppe weiterleiten sollte. In Marburg waren in 26 Bünden solche sogenannten Vertrauensleute vertreten.[528] Dies führte natürlich zu Problemen mit den Korporationen, wenn ein Spitzel aufflog.[529] So gab es 1932 aufseiten einiger Verbindungen Pläne zum Austritt aus der DSt, die letztlich jedoch an der Uneinigkeit darüber scheiterten.[530] Es bildeten sich einerseits in einigen Universitätsstädten Hochschulpolitische Arbeitsgemeinschaften aus Korporierten, die eine politische Alternative darstellten. Auf der anderen Seite gelang es aber dem Hochschulbund die Mittelstelle studentischer Verbände, bestehend aus Turnern, Akademischem Turnbund, Rothenburger Verband, Sondershäuser Sängern, Deutscher Wehrschaft und kleineren Verbänden an sich zu binden.[531] Die vormals so dicht geschlossenen Reihen aus Braunhemden und bandtragenden Studenten lichteten sich. Dies lässt sich an mehreren Wahlniederlagen der Nationalsozialisten während des Wintersemesters 1932/33 belegen.[532] Die zutage getretene Diskrepanz zwischen der Propaganda und der Arbeit der neuen studentischen Machthaber quittierten die Wahlberechtigten mit Stimmenentzug. Die Zustimmung zur Ideologie vermochte nicht mehr die Abneigung gegenüber dem Auftreten und dem Machtwillen der DSt-Spitze zu überdecken.[533] Der Bruch zwischen Hitler und Strasser könnte den Hochschulbund ebenfalls geschwächt haben.[534]

In Marburg hatte die verbindungsfeindliche Politik zum Austritt von Verbindungsvertretern aus der Kammer geführt und der Burschenschaf-

---

526 Matheis: S. 106.

527 Faust: Band 2, S. 34.

528 Zinn: Republik und Diktatur, S. 282.

529 Faust: Band 2, S. 35.

530 Giles, Geoffrey J.: Die Verbändepolitik des Nationalsozialistischen Deutschen Studentenbundes, in: Probst, Christain (Hg.): Darstellungen und Quellen zur Geschichte der deutschen Einheitsbewegung im neunzehnten und zwanzigsten Jahrhundert, Heidelberg 1981, S. 97-158, S. 111.

531 Faust: Band 2, S. 110.

532 Faust: Band 2, S. 111 und Wahlergebnisse S. 141f und 145.

533 Faust: Band 2, S. 112.

534 Faust: Band 2, S. 115.

ter Hilgenstock plante die Aufstellung einer Liste völkischer Korporierter und Freistudenten gegen den NSDStB. Doch wie auf Reichsebene zeigte sich auch im Kleinen die Uneinigkeit der Bünde. So lehnte Arminia die von Hilgenstock vorschriebene Wahl dieser Liste ab. Ein Kompromiss mit den Nationalsozialisten, wonach Korporierte hochschulpolitisch nur ihren Conventen verantwortlich seien, beendete das mögliche Ausscheren der Verbindungen und die Gefahr konkurrierender Wahllisten.[535] Derartige Regelungen mit Einzelverbänden, wie in diesem Fall mit der Deutschen Burschenschaft, brachen die Front der Korporationen auf. Die Bereitschaft lokaler NS-Hochschulgruppen zu diesem Vorgehen lag im Falle Marburgs an der guten Zusammenarbeit mit den Burschenschaften. Wo man keinen inhaltlichen Widerstand erwarten musste, gab man sich entsprechend großzügig, gegebenenfalls auch gegenüber anderen Bünden. [536] Für Marburg sind nach diesen Unstimmigkeiten des Sommers 1932 bis zur „Machtergreifung" Hitlers keine weiteren Auseinandersetzungen zu erkennen.[537] Die Beruhigung der Verhältnisse durch Zugeständnisse funktionierte also offenbar.

Vor den Dachverbandstagungen des Jahres 1932 und im Hinblick auf den Studententag in Königsberg bemühte man sich, durch verstärktes Werben wieder Geschlossenheit zwischen Nationalsozialisten und Korporierten zu demonstrieren. Die Propaganda wurde während des 15. Studententages, der eher wie eine Heerschau denn eine Akademikerversammlung wirkte,[538] durch die Mehrheit DSt-freundlicher Abgesandter und NS-Delegierter erfolgreich inszeniert.[539] So verwundert es kaum, dass die Abstimmung über die Organisation der Deutschen Studentenschaft unter dem Führerprinzip mit 155 zu drei Stimmen, bei 25 Enthaltungen sehr deutlich war. Dadurch hatte die Deutsche Studentenschaft sich selbst entmachtet.[540]

Nach dieser ersten Phase, in der die Begeisterung über den Triumph des Nationalsozialismus an den Hochschulen deutlich überwog, trat der Alltag des Studentenlebens unter totalitärer Führung umso deutlicher hervor. Konkret bedeutet dies für die Jungakademiker unter anderem,

---

535 Marburger Arminen Zeitung, 22. Jg., Nr. 3/4, Juni-Oktober 1932, S. 1. Doch blieb das Problem des Fraktionszwangs, den der NSDStB trotz Erfurter Abkommen ausübte immer noch bestehen. Das Verhältnis zwischen NS-Bund und Verbindungen befand sich in einem Schwebezustand, was Abkommen und Sonderregelungen betraf.

536 Zinn: Republik und Diktatur, S. 283.

537 Zinn: Republik und Diktatur, S. 285.

538 Landsmannschafter-Zeitung, 46. Jg., Nr. 8, September 1932, S. 113.

539 Faust: Band 2, S. 37.

540 Heither: Verbündete Männer, S. 227.

zeitraubenden Dienst in der SA leisten zu müssen.[541] Neben dem Faktor Zeit dürften dabei auch die schon in Kapitel Drei thematisierten sozialen Gegensätze für die Entfremdung zwischen Studenten und übrigen SA-Angehörigen eine Rolle gespielt haben. Die Probleme in diesem Zusammenhang versuchten von Schirach und der SA-Chef Röhm 1932 durch Umorganisierungsmaßnahmen zu beheben, was ihnen jedoch nicht gelang. Letztlich wurde die Freiwilligkeit des Dienstes in Parteiorganisationen abgeschafft und ein zweijähriger Dienst in SA oder SS zur Pflicht.[542] Nach der Regierungsübernahme der NSDAP stand beispielsweise bei der Marburger Burschenschaft Arminia an drei bis vier Tagen der Woche SA-Dienst auf dem Plan. Die Woche gestaltete sich für den Aktiven folgendermaßen: Montag abends 20:15 Uhr Convent, Dienstag abends 20:30 bis 24:00 Uhr SA-Abend, Mittwoch nachmittags SA-Ausmarsch, abends politische Schulung für die Erst- und Zweitsemester in der Universität, Donnerstag abends Mensurschoppen, die Pauktage begannen Freitag abends, Samstag nachmittags SA-Ausmarsch, zweimal monatlich Geländesport Sonntag morgens.[543] Rechnet man noch den täglichen Fechtunterricht im Falle der schlagenden Verbindungen und die Lehrveranstaltungen hinzu, blieben Terminkollisionen und Engpässe nicht aus. Gerade Sportverbindungen litten unter dem Zeitmangel ihrer Mitglieder. Der Marburger ATV konnte kaum noch Mannschaften stellen, weil seine Mitglieder für die SA-Mannschaft teilnahmen oder nicht fit waren. So schreckte der hohe Zeitaufwand, den eine Mitgliedschaft in einer Verbindung zusammen mit dem SA-Dienst mit sich brachte, Marburger Erstsemester zunehmend ab, was die Lage der Verbindungen deutlich verschlechterte.[544]

Diese massiven Eingriffe in die täglichen Abläufe, die zwar erst nach der eigentlichen „Machtergreifung" des 30. Januar 1933 in dieser Form festgeschrieben wurden, hatten die Korporierten sich durch ihre Selbstentmachtung, 1931 in Graz begonnen und 1932 in Königsberg vollendet, selbst gewählt.

---

541 Giles: Verbändepolitik, S. 112.

542 Kater: Studentenschaft und Rechtsradikalismus, S. 195.

543 Marburger Arminen Zeitung, 23, Jg., Nr. 5/6, August - Dezember 1933, S. 30.

544 Zinn: Republik und Diktatur, S. 329f.

Fazit

Innerhalb weniger Jahre hatte sich das Studentenleben nicht nur im Marburg, sondern reichsweit geändert. Bis zur hochschulpolitischen Dominanz des NSDStB waren nur fünf Jahre vergangen, seit sich die erste Hochschulgruppe in München gegründet hatte und ihr eine in Marburg gefolgt war. Auf ihrem Weg zur Vorherrschaft über die DSt war es den nationalsozialistischen Studenten gelungen, auch ihre ehemaligen Weggefährten, die völkischen Verbindungsstudenten, beiseite zu schieben. Im Fall der Philipps-Universität hatten sie dies durch geschicktes Taktieren erreicht und so die Vorherrschaft der Korporierten gebrochen. Begünstigt war der dargestellte Aufstieg der nationalsozialistischen Studenten in Marburg durch mehrere Faktoren.

Zum einen wurde Marburg seinem Ruf als reaktionäre Stadt gerecht. An dem Hochschulort war ein republikanisches Milieu innerhalb der Einwohnerschaft nur in geringem Maße vertreten. Stattdessen dominierten die Rechtsparteien der Republik von DNVP, DVP bis völkischen Parteien, von denen die NSDAP zunächst noch unbedeutend war. Doch zeigte sich schon in der ersten Hälfte der Weimarer Jahre, dass in der mittelhessischen Stadt ein hohes völkisch-nationalistisches Wählerpotenzial vorhanden war.

Da auch die Mehrheit der örtlichen Hochschullehrer dem konservativen bis rechten politischen Spektrum zuneigte und der Republik ablehnend gegenüberstand, war von ihr keine Werbung für den neuen Staat zu erwarten. Der Statusverlust des akademischen Standes nach Kriegsende bestärkte sie nur in der Ablehnung der Republik. Statt ihre Hörer für sie zu gewinnen, verharrten sie mehrheitlich in einer schwarz-weiß-roten Erinnerungspflege des verlorenen Kaiserreichs. In Verbindung mit dem im akademischen Umfeld schon länger fest etablierten Antisemitismus, der zunehmend rassistischer wurde und damit seine traditionell religiös gefärbte Prägung wandelte, ergab sich ein raues Klima, unter dem die jüdischen Studenten zu leiden hatten. Folglich war Marburg ein fruchtbarer Boden für völkische Vorstellungen, zumal antisemitische Politik in dem Reichstagsabgeordneten Böckel in Mittelhessen einen erfolgreichen Vorarbeiter gehabt hatte.

So bildete die Universität ein ideologisch homogenes Feld, in dem es nur wenige linke oder pro-republikanische Studenten gab. Die Mehrheit der Kommilitonen, die zu 66 % korporiert waren, wurde auch in ihren Verbindungen völkisch geprägt. Als Folge daraus galt die Marburger Studentenschaft schon früh als nationalistisch geprägt, was sich an der zeitweiligen Vormachtstellung des Hochschulrings Deutscher Art ablesen lässt. Die einseitig politisierten Angehörigen der Verbindungen lehnten den als „Judenrepublik" geschmähten Staat von Weimar bis auf einige Ausnahmen oftmals aus dem katholischen Lager, offen ab. Die wirtschaftliche Not des akademischen Nachwuchses in den 1920er-Jahren war zwar in Marburg geringer als im Reichsdurchschnitt, sie dürfte dennoch die zunehmende Republikfeindlichkeit unterstützt haben. Infolge dieser Radikalisierung schloss der Marburger Verein Deutscher Studenten 1926 einen Alten Herren aus, dem man unterstellte, dem republikanischen Reichsbanner Schwarz-Rot-Gold anzugehören.

> Das Grundübel und die Tragik war, dass es dem Weimarer Staat nicht gelang, dieser wie die Studenten damals in aller Welt zum Nationalismus neigenden Jugend anziehende Ziele für ihre leidenschaftliche Hingabewilligkeit und Ungeduld zu zeigen. Sie wollte in ihren besten Kräften aus dem Turm eines akademischen Kastenwesens heraus und dem Volke außerhalb der bürgerlichen Kreise näher kommen, und diese Wurzel der völkischen Bewegung darf man nicht übersehen.[545]

Durch ihren national motivierten Idealismus bildeten Studenten für die 1923 in Marburg gegründete Ortsgruppe der NSDAP eine wertvolle Ressource, die sich nutzen ließ. Sie waren als Gruppe innerhalb der örtlichen Partei nicht nur überrepräsentiert, sondern auch besonders aktiv als Redner, Saalschutz und im Rahmen von Propagandaaktionen. „They were the most effective Nazi agitators locally."[546] Seit den späten 1920er-Jahren traten die örtlichen Nationalsozialisten primär durch Vortragsabende und andere Propagandaveranstaltungen in Erscheinung, auch wenn sich der Erfolg erst im Zuge des reichsweiten Wahlsieges vom September 1930 einstellte.

Der Marburger Hochschulbund fand, anders als ursprünglich von der Reichsleitung beabsichtigt, schon früh Anschluss an das Korporiertenmilieu der Universitätsstadt, was primär dem offensiven Werben des Burschenschafters Glauning zuzuschreiben ist. Doch waren die rechtsradikalen, organisierten Studenten im akademischen Umfeld nicht unumstritten. Dies lag weniger an den propagierten Inhalten ihrer Weltanschauung als an ihrem provokanten und als unakademisch empfundenen Auftreten, wie es sich im Falle des Becker-Besuchs zeigte. Doch letztlich führte den Studentenbund, der sowohl reichsweit als auch in Marburg eine kleine aktionistische Gruppe blieb, genau dieses Vorgehen zum Erfolg. Er zeichnete sich paradoxerweise dadurch aus, dass er zwar keine Mitgliedermassen vorweisen konnte weder in Marburg noch anderswo, jedoch Wählermassen mobilisieren konnte. Damit gerät die

---

545 Zorn: S. 307.

546 Koshar: Social Life, S. 189.

These Koshars ins Wanken, wonach die Verbindungen die Hauptverbreiter der Weltanschauung in Marburg gewesen seien.[547] Seine Kampagnenfähigkeit hatte er im Zusammenwirken mit anderen völkischen Kräften der Hochschule bereits im Rahmen der Auseinandersetzung um die Verfassung der preußischen Studentenschaft bewiesen. Dabei war es ihm mit anderen rechtsradikalen Kräften gelungen, die Mehrheit der Kommilitonen gegen den preußischen Kultusminister Becker in Stellung zu bringen. Angesichts seines Einsatzes und seines Bestrebens um Wahrnehmung durch die akademische Öffentlichkeit ist die Aussage Heers, wonach der NSDStB in Marburg bis 1935 unauffällig blieb,[548] widerlegt. Denn seitdem Baldur von Schirach 1928 neuer Reichsleiter geworden war und nach von ihm vorgenommenen Umbesetzungen an der Spitze der Marburger Hochschulgruppe trat diese mit Vorträgen von Parteigrößen, wie beispielsweise Alfred Rosenberg, öffentlich in Erscheinung.

Durch Kooperation mit den Verbindungsvertretern in der Kammer der Marburger Studentenschaft gelang es ihnen schließlich, im Wintersemester 1930/31 Schlüsselpositionen zu besetzen. Allerdings darf in diesem Zusammenhang nicht der Fehler begangen werden, die Verbindungsstudenten als geschlossenen Block zu betrachten. Neben den Bünden der Deutschen Burschenschaft neigten die Angehörigen der Vereine Deutscher Studenten in hohem Maße zum Nationalsozialismus. In Marburg war es die Burschenschaft Germania, die durch ihren Vertreter Glauning eine besondere Bedeutung hinsichtlich der Nähe zum Nationalsozialismus erfüllte. Doch auch die Verbindungen der Deutschen Landsmannschaften orientierten sich in Teilen an der neuen Weltanschauung. Wie die Hasso-Borussia jedoch zeigt, waren einzelne Landsmannschaften gespalten in der Frage der Politisierung und welcher Weg auf diesem Terrain zu gehen sei. Unter den schlagenden Verbindungen waren es in erster Linie Vorbehalte gegenüber dem Auftreten des NSDStB und dessen Absolutheitsanspruch, die sie bedenklich stimmten. Äußerungen über inhaltliche Schwierigkeiten gegenüber dem Nationalsozialismus blieben die Ausnahme. Zwar war in Marburg die Nähe zwischen Hochschulbund und Korporierten groß, doch blieb der Anteil der Verbindungsstudenten in Ersterem, absolut gesehen gering.

Im Gegensatz dazu war das Lager der katholischen Studentenverbindungen deutlich reservierter. Dies mag zum einen daran gelegen haben, dass man vonseiten der Anhänger Hitlers, wie beispielsweise von Alfred Rosenberg, scharf angegriffen wurde. Zum anderen sah man schon früh die Gefahren des Rassen- und Führerkultes. Die Verbindungen des CV

547 Koshar: Social Life, S. 221.

548 Heer, Georg: Die Marburger Burschenschaft Arminia, Marburg 1951, S. 144.

waren, bestärkt durch den Unvereinbarkeitsbeschluss von Nationalsozialismus und Verbandszugehörigkeit, resistenter als es der christliche Wingolfsbund war. Der Marburger Wingolf hatte sich nämlich als anfällig erwiesen. Allerdings darf bei dem rückblickenden Urteil nicht vergessen werden, dass der Nationalsozialismus aus damaliger Sicht die Rettung aus den Nöten des Versailler Vertrages verhieß und er mehrheitsfähige Ideale, wie Volksgemeinschaft und großdeutsche Lösung propagierte. Außerdem konnten weder die Korporationsstudenten noch das einfache NSDStB-Mitglied ahnen, welche Folgen aus der Regierung der Nationalsozialisten mit Weltkrieg und Holocaust erwachsen sollten. Die von der korporationsfeindlichen Historiografie propagierte „Wegbereiter-These",[549] wonach die Verbindungen eine besondere Bedeutung hinsichtlich der Verbreitung der Ideologie spielten, ist nur für das akademische Milieu haltbar. Bezogen auf die außeruniversitäre Politik, waren die Korporationen zu unbedeutend, allein unter dem Aspekt der Zahlenstärke betrachtet.

Da die schlagenden Dachverbände unter den Studenten politisch die tonangebenden waren, bemühte sich auch die NSDAP in besonderem Maße um sie. Zu diesem Zweck ergriff sie deren Partei zugunsten der damals illegalen Praxis der Mensur. Für den parteieigenen Studentenbund schuf Reichsleiter von Schirach eine Ehrenordnung, was den NS-Studenten den Respekt der Waffenstudenten einbrachte. Da die Verbindungen sich täuschen ließen und glaubten, ihre Kommilitonen im Braunhemd würden sich der akademischen Disziplin unterwerfen, schlossen sie mit ihnen das Erfurter Abkommen. Doch trotz der Zusage der NS-Studenten, sich der Mensur und den studentischen Ehrengerichten zu unterwerfen, waren sie die Profiteure, hatten die Verbände ihren Angehörigen doch Wahlfreiheit zugunsten des Studentenbundes zugestanden.

Auf diese Weise waren die Wahlerfolge des Hochschulbundes, wie auch in Marburg im Sommer 1931 möglich, der ihm dort 50 % der Stimmen einbrachte. Gestärkt durch derartige Erfolge, gelang es, im selben Sommer, auf dem Grazer Studententag den Vorstand der DSt in nationalsozialistische Hand zu bringen. Zwar fielen die Urteile der studentischen Verbände über diese Entwicklung auffallend verhalten aus, doch bis in das nächste Jahr schwammen die neuen Machthaber der DSt auf einer Erfolgswelle, die ihnen auf dem nächsten Studententag die Kontrolle über die Deutsche Studentenschaft durch das Führerprinzip ermöglichen sollte.

---

549 Diese These klingt bereits im Titel der Arbeit von Heither und anderen über den VDSt an und wird die Arbeit hindurch vertreten. Heither/Gottschaldt/Lemling: Wegbereiter.

Zugleich markiert das Jahr 1932 einen Wendepunkt im Verhältnis zwischen Korporierten und NSDStB. Verärgert über zunehmende Eingriffe in das Verbindungsleben durch Dienstpläne und Spitzel, versuchten einige Verbindungsstudenten, sich durch korporierte Wahllisten von den ehemaligen Verbündeten zu lösen. Doch die Uneinigkeit der Verbände und die erfolgreiche Spaltungsarbeit der neuen Gegner ließen solche Pläne, wie sie in Marburg von dem Burschenschafter Hilgenstock gehegt wurden, scheitern.

Die aufgrund fehlender akademischer Attitüde anfangs geringgeschätzten zwischenzeitlichen Brüder im völkischen Geiste hatten sich nach ihrem Erfolg als die Gegner entpuppt, als die sie sich schon in ihren ersten Jahren gezeigt hatten. Im Falle Marburgs bedeutete die von Anfang an enge Anlehnung an die Verbindungen keine Schonung derselbigen. In der mittelhessischen Universitätsstadt wie auch anderswo setzten mit dem Jahr 1933 nun staatlich legitimierte Sanktionen und Erlässe gegen alle Verbindungen ein. Zwar gingen die begeisterten Anhänger der braunen Bewegung freiwillig den Weg der Gleichschaltung und lösten sich auf, doch bis 1936 wurden auch die letzten widerspenstigen Korporationen in nationalsozialistische Kameradschaften umgewandelt. Überrascht von der ihnen selbst fremden skrupellosen Vorgehensweise des Studentenbundes, hatten die traditionsreichen studentischen Organisationen die Waffen zu strecken. In Kameradschaftsform sollte es vielen Bünden jedoch gelingen, das Dritte Reich zu überdauern, um in der Bundesrepublik neu gegründet an die Bräuche des deutschen Studententums anzuknüpfen.

Anhang

Anhang 1

Mitgliederentwicklung NSDAP Ortsgruppe Marburg 1925-1933 (Zahlen nur für Marburg Stadt)[550]

	1925	1926	1927	1928	1929	1930	1931	1932	1933
Zahlen ab 1929 nur noch									
Zugang	72	24	19	16	19	187	233	215	641
Austritt	41	29	16	16	keine Angabe	k. A.	k. A.	k. A.	k. A.
Gesamt	42	37	40*	37**	56	243	476	691	über 1300

*Zahl selbst errechnet aus Zu- und Abgängen

**Zahl wieder aus Festschrift, mögliche Erklärung für Diskrepanz durch Ortswechsel oder Tod von Mitgliedern.

550 Zahlen aus NSDAP Marburg: S. 59-61.

Anhang 2

Kammerwahl Sommersemester 1927.

Kammerwahl

Die Wahlen zur Kammer der Marburger Studentenschaft finden Freitag, den 22. Juli, von 9 Uhr vorm. bis 7 Uhr abends in d. Anatomie u. im Landgrafenhaus (Eingang Lahntor) statt. Stimmzettel finden sich in den Wahllokalen. Als Wahlausweis dient die Studentenkarte, die den Stempel des Sekretariates für das Sommersemester 1927 tragen muß.

Es sind folgende fünf gültige Wahlvorschläge bei uns eingegangen:

I. Hauptliste der Marburger Korporationen

1. Westerhaus Arminia
2. Zülch Germania
3. Weiguny Alemania
4. Drinkuth A.T.V.
5. Diesinger V.D.St.
6. Winther Rheinfranken
7. Himmel Palatia
8. Zielke Frankonia
9. Rietz Wingolf
10. Isselstein Rhenania C.V.
11. Baldus Thuringia
12. Fahrenhorst Fridericiana
13. Ratzke A.T.V. Kurhessen
14. Kuntze Sigambria
15. Kattiofsky Markomannia
16. Hahn Irminsul
17. Weigard Normannia
18. Hasbach Unitas
19. Kiesewetter Arminia
20. Hammer Germania
21. Kaiser Alemannia
22. Dieterich A.T.V.
23. Beine V.D.St.
24. Hackebracht Rheinfranken
25. Gierlichs Palatia
26. Wolf Arminia
27. Finke Germania
28. Giederich Alemania
29. Martens Frankonia
30. Ziemer Wingolf
31. Rademacher Rhenania C.V.
32. Bongartz Thuringia
33. Hartmann Fridericiana
34. Scheffler A.T.V. Kurhessen
35. Redlich A.T.V.

II. Liste der Finkenschaft.

1. Friedrich Kaysser cand. rer. nat.
2. Joachim Kindler stud. theol. et phil.
3. Annemarie Schuricht cand. phil.
4. Martin Dietrich stud. theol.
5. Adolf Wenzel stud. theol.
6. Hans Pabst, stud. phil.
7. Otto Naumann stud. med.
8. Alfred Klein, cand. jur.
9. Heinz Veding, cand. jur.
10. Karl Gustav Schmidt cand. phil.
11. Karl Maar, cand. chem.
12. Johannes Tersteegen, stud. theol.
13. Fritz Forschepiepe stud. phil. et rer. gymn.
14. Oskar Reinhold stud. math.
15. Karl Ackermann stud. theol.

III. Liste der Studentinnen

1. Lore Nieten, stud. med.
2. Hella Liebenwald, stud. theol. D.C.V.S.F.
3. Ottilie Pellens, stud. phil. D.A.F.
4. Hanneliese Rave, stud. phil. St.V.M.
5. Käthe Oltmanns stud. phil.
6. Annemarie Colley, stud. phil.
7. Klara Schumacher, stud. rer. nat.

IV. Nationale Studentenliste

1. Huß Hasso-Borussia
2. Rathert Philippina
3. Roepke Hasso-Nassovia
4. Polikeit Nibelungia
5. Foller Teutonia
6. Wirbelauer Hasso-Borussia
7. Junker Schaumburgia
8. Lehmann Saxonia
9. Rieb. Tuiskonia
10. Radünz Hasso-Guestphalia
11. Simon Nibelungia
12. Sieffen Guestphalia
13. Pollow Chattia
14. v. Leupoldt Rhenania-Str.
15. Miehe Philippina
16. Kube Hasso-Borussia
17. Amos Teutonia
18. Wertwath Hasso-Nassovia
19. Kömpf Schaumburgia
20. Eichholz Saxonia
21. Dützmann Tuiskonia
22. Aulich Hasso-Guestfalia
23. Tesch Nibelungia
24. Nabel Guestfalia

V. Nationale Finkenschaft (Großdeutsche Liste)

1. Hans Behrens, stud. phil.
2. Karl Albert Coulon, cand. jur.
3. Hans Seel, stud. jur.
4. Konrad Zoellner, stud. jur.
5. Ewald Ferger, cand. phil.
6. Karl Fischer, stud. theol.
7. Waltraut Baslau, stud. jur.
8. Heinz Hennig, cand. jur.
9. Hermann Schwemer stud. theol.
10. Hans Joachim Jung, cand. jur.
11. Friedrich Köhler cand. jur.
12. Eberhard Meyer stud. med.

Es besteht Listenverbindung zwischen der „Liste der Finkenschaft" und der „Liste der Studentinnen"

Der Wahlausschuß

Huß, Kaysser, Schuricht, Westerhaus.

Universitätsarchiv Marburg, Akte Kammerwahl 1927.

Anhang 3

Karikaturen zu den Mensurbeschlüssen

Karikaturen zu den Mensurbeschlüssen.

Dresdner Volkszeitung"" Nr. 226 v. 27. Okt. 29.

Das erschwerte Duell.

„Wenn jetzt die Reichstagsfatzken wirklich Gefängnis auf Zweikampf setzen, dann treten wir einfach bei Hitler bei und holzen mit'm Knüppel."

„Rheinische Zeitung", Köln Nr. 274 vom 6. Oktober 1929

Akademiker, wahrt eure heiligsten Güter

Im Strafrechts-Ausschuß wurde die Mensur unter Gefängnisstrafe gestellt.

„Eine so edle Kultur will man vernichten!"

Wir veröffentlichen diese Bilder aus sozialistischen Zeitungen, um zu zeigen, auf welchem Niveau der Kampf gegen das Waffenstudententum geführt wird.

Quellenverzeichnis

Unveröffentlicht

Akten Staatsarchiv Marburg (StAM)

Germania StAM 305a acc. 1954/16 Nr. 72.

Hassia StAM 305a acc. 1954/16 Nr. 38.

Hasso-Borussia StAM 305a I. acc. 1954/16 Nr. 62.

Hasso-Guestfalia StAM 305a acc. 1954/16 Nr. 61.

NSDStB Sektion Marburg StAM 305 a I. acc. 1954/16 Nr. 1.

Palatia StAM 305a acc. 1954/16 Nr. 58.

Politische Kriegsschuldlüge StAM 305a acc. 1950/9 Nr. 585.

Polizeistrafen gegen Studierende 1923-1929 StAM 305a I. acc. 1950/9 Nr. 663.

Rhenania StAM 305a acc. 1954/16 Nr. 59.

Sozialistische Studenten-Gruppe Marburg StAM 305a acc. 1954/16 Nr. 12.

Teutonia StAM 305a I. acc. 1954/16 Nr. 45.

Verein Deutscher Studenten StAM 305a acc. 1954/16 Nr. 70.

Verfassungsfeier StAM 1930 305a acc. 1975/79 Nr. 477.

Hoyer, Otto: Hasso-Borussia Marburg in Weimarer Republik und Nationalsozialismus (private Korrespondenz).

Veröffentlicht

1923-1925-1935 NSDAP Marburg, Marburg 1935.

Allgemeines deutsches Kommersbuch (160. Auflage). Schauenburg 1980.

Bloem, Walter: Der krasse Fuchs. Leipzig 1911.

Die Vierhundertjahrfeier der Philipps-Universität Marburg 1927, Marburg 1928.

Düning, Hans Joachim: Der SA-Student im Kampf um die Hochschule (1925-1935). Ein Beitrag zur Geschichte der deutschen Universität im 20. Jahrhundert, Weimar 1936.

Feickert, Andreas: Studenten greifen an. Nationalsozialistische Hochschulrevolution, Hamburg 1934.

Heer, Georg: Marburger Studentenleben 1527-1927. Eine Festgabe zur 400jährigen Jubelfeier der Universität Marburg, Marburg 1927.

Hitler, Adolf: Mein Kampf, 484. Aufl. München 1939.

Marburger Studentenkammer, Kammerwahl am 22.7.1927, fünf gültige Wahlvorschläge, Universitätsbibliothek Marburg.

Schreiner, Helmuth: Der Nationalsozialismus vor der Gottesfrage. Illusion oder Evangelium, Berlin 1932.

Stockhufen, Arthur: Die „Burschenschaft" Rheinfranken, in: Zur Geschichte der Marburger Burschenschaft Rheinfranken 1880-1930, Marburg 1932, S. 72-82.

Weber, H.: Festschrift zur Erinnerungsfeier an den 50. Gründungstag (11. Mai 1886) des VDSt Marburg, Marburg 1936.

Windels, Friedrich: Die Umstellung des Vereins zur wissenschaftlichen Verbindung Rheinfranken und zur couleurtragenden Verbindung bis zur endgültigen Aufnahme in die Deutsche Burschenschaft, in: Zur Geschichte der Marburger Burschenschaft Rheinfranken 1880-1930, Marburg 1932, S. 53-71.

http://www.burschenschaft.de/geschichte/geschichte-der-db/sinnbilder-farben-und-wappen-der-deutschen-burschenschaft/die-farben-schwarz-rot-gold.html Zugriff am 11.12.2009.

http://www.burschenschaftsgeschichte.de/gfbg.htm Zugriff am 19.5.2010.

Periodika

Academia

Akademische Blätter

Blätter der Philipps-Universität

Burschenschaftliche Blätter

Der Sturm. Nationalsozialistisches Kampfblatt für Kurhessen und Waldeck

Hessen-Preussen-Zeitung

Hessische Volkswacht

Landsmannschafter-Zeitung

Marburger Arminen Zeitung

Marburger Hochschulzeitung

Nationalsozialistische Hochschulbriefe

Oberhessischen Zeitung

Völkischer Beobachter

Wingolfsblätter

Darstellungen

Abendroth, Wolfgang: Die deutschen Professoren und die Weimarer Republik, in: Tröger, Jörg [Hg.]: Hochschule und Wissenschaft im Dritten Reich, Frankfurt am Main 1984, S. 11-26.

Adam, Uwe Dietrich: Hochschule und Nationalsozialismus. Die Universität Tübingen im Dritten Reich, Tübingen 1977.

Albanis, Elisabeth: Anleitung zum Hass: Theodor Fritschs antisemitisches Geschichtsbild, Vorbilder, Zusammensetzung und Verbreitung, in: Bergmann, Werner/ Sieg, Ulrich [Hrsg.]: Antisemitische Geschichtsbilder, Essen 2009, S. 167-193.

Baum, Rainer: The Holocaust and the German Elite. Genocide and National Suicide in Germany 1871-1945, London 1981.

Baum, Rolf-Joachim: Zwischen nationaler Pflicht und nationalistischer Verführung - Studentenschaft und Kösener SC-Verband zwischen 1914 und 1933, in: Baum, Rolf-Joachim [Hg.]: „Wir wollen Männer, wir wollen Taten!“ Deutsche Corpsstudenten 1848 bis heute, Berlin 1998, S. 135-180.

Berghahn, Volker R.: Der Stahlhelm. Bund der Frontsoldaten 1918-1935, Düsseldorf 1966.

Biewer, Ludwig: Bismarck und die Vereine Deutscher Studenten, in: Zirlewagen, Marc [Hg.]: 125 Jahre Vereine Deutscher Studenten, Band I: Ein historischer Rückblick, Bad Frankenhausen 2006, S. 11-25.

Bleuel, Hans Peter/ Klinnert, Ernst: Deutsche Studenten auf dem Weg ins Dritte Reich, Ideologien - Programme - Aktionen 1918-1935, Gütersloh 1967.

Chroust, Peter: Gießener Universität und Faschismus, Studenten und Hochschullehrer 1918 - 1945, Münster 1993.

Eschenburg, Theodor: Aus dem Universitätsleben vor 1933, in: Andreas Flitner [Hg.]: Deutsches Geistesleben und Nationalsozialismus, Tübingen 1965, S. 24 - 46.

Bleuel, Hans Peter/ Klinnert, Ernst: Deutsche Studenten auf dem Weg ins Dritte Reich, Ideologien - Programme - Aktionen 1918-1935, Gütersloh 1967.

Faulenbach, Bernd: Die Historiker und die „Massengesellschaft“ der Weimarer Republik, in: Schwabe, Klaus [Hg.]: Deutsche Hochschullehrer als Elite 1815-1945, S. 225-246.

Faust, Anselm: Der Nationalsozialistische Deutsche Studentenbund. Studenten und Nationalsozialismus in der Weimarer Republik, Band 1 und 2, Düsseldorf 1973.

Festschrift zum 80. Stiftungsfest der KDStV Palatia im CV zu Marburg, Marburg 1987.

Franze, Manfred: Die Erlanger Studentenschaft 1918-1945, Würzburg 1972.

Gadamer, Hans-Georg: Philosophische Lehrjahre, Eine Rückschau, Frankfurt am Main 1977.

Gay, Peter: Die Republik der Aussenseiter, Geist und Kultur in der Weimarer Zeit: 1918-1933, Frankfurt am Main 1970.

Giles, Geoffrey J. Giles: The rise of the National Socialist Students' Association and the failure of political education in the Third Reich, in: Stachura, Peter D. [Hg.]: The shaping of the Nazi State, London 1978, S. 160-186.

Giles, Geoffrey J.: Die Verbändepolitik des Nationalsozialistischen Deutschen Studentenbundes, in: Probst, Christain (Hg.): Darstellungen und Quellen zur Geschichte der deutschen Einheitsbewegung im neunzehnten und zwanzigsten Jahrhundert, Heidelberg 1981, S. 97-158.

Gottschaldt, Eva: „Das ist die Tat unseres herrlichen Führers". Die christlichen Studentenverbindungen Wingolf und der Nationalsozialismus im Spiegel der Verbandspresse. Eine Dokumentation, Marburg 1997.

Graf Krockow, Christian: Scheiterhaufen, Größe und Elend des deutschen Geistes, Berlin 1983.

Grüttner, Michael: Studenten im Dritten Reich, Paderborn 1995.

Hammerstein, Notker: Antisemitismus und deutsche Universitäten 1871-1933, Frankfurt am Main/ New York 1995.

Hammerstein: Notker: Marburg und die deutsche Universitätslandschaft in den 20er Jahren, in: Philipps-Universität Marburg zwischen Kaiserreich und Nationalsozialismus, S. 1-12.

Heer, Georg: Die Marburger Burschenschaft Arminia. Marburg 1951.

Heither, Dietrich: Verbündete Männer, Die Deutsche Burschenschaft – Weltanschauung, Politik und Brauchtum, Köln 2000.

Heither, Dietrich/ Lemling, Michael: Die studentischen Verbindungen in der Weimarer Republik und ihr Verhältnis zum Faschismus, in: Elm, Ludwig/ Heither, Dietrich/ Schäfer, Gerhard (Hg.): Füxe, Burschen, Alte Herren. Studentische Korporationen vom Wartburgfest bis heute, Köln 1993, S. 92-157.

Herbert, Ulrich: „Generation der Sachlichkeit", Die völkische Studentenbewegung der frühen zwanziger Jahre in Deutschland, in: Bajohr, Frank [Hg.]: Zivilisation und Barbarei: Die widersprüchlichen Potentiale der Moderne, Hamburg 1991, S. 115-145.

Heither, Dietrich: Gegner der Weimarer Demokratie, in: Heither, Dietrich/ Gehler, Michael/ Kurth, Alexandra/ Schäfer, Gerhard: Blut und Paukboden. Eine Geschichte der Burschenschaften. Frankfurt am Main 1997, S. 77-112.

Heither, Dietrich/ Gottschaldt, Eva/ Lemling, Michael: „Wegbereiter des Faschismus." Aus der Geschichte des Marburger Vereins Deutscher Studenten, Marburg 1992.

Herbert, Ulrich: „Generation der Sachlichkeit", Die völkische Studentenbewegung der frühen zwanziger Jahre in Deutschland, in: Bajohr, Frank [Hg.]: Zivilisation und Barbarei: Die widersprüchlichen Potentiale der Moderne, Hamburg 1991, S. 115-145.

Hoffmann, Lutz: Das deutsche Volk und seine Feinde: die völkische Droge - Aktualität und Entstehungsgeschichte, Verl 1994.

Hopp, Andrea: Zur Medialisierung des antisemitischen Stereotyps im Kaiserreich, in: Bergmann, Werner/ Sieg, Ulrich [Hrsg.]: Antisemitische Geschichtsbilder, Essen 2009, S. 23-39.

Hussong, Ulrich: Marburg - Stadt und Universität, in: Die Philipps-Universität Marburg zwischen Kaiserreich und Nationalsozialismus, hg. v. Verein für hessische Geschichte und Landeskunde e. V. Kassel 2006, S. 45-62.

Kater, Michael H.: Studentenschaft und Rechtsradikalismus in Deutschland 1918-1933. Eine sozialgeschichtliche Studie zur Bildungskrise in der Weimarer Republik, Hamburg 1975.

Kater, Michael H.: Generationskonflikt als Entwicklungsfaktor in der NS-Bewegung vor 1933, in: Geschichte und Gesellschaft, Zeitschrift für Historische Sozialwissenschaft. (11. Jahrgang.) Göttingen 1985, S. 217- 243.

Kater, Michael H.: Der NS-Studentenbund von 1926 bis 1928: Randgruppe zwischen Hitler und Strasser, in: Vierteljahreshefte für Zeitgeschichte (22. Jahrgang), München 1974, S. 148-190.

Koch, Alfred: Nibelungia 1879-1979, Marburg 1985.

Koshar, Rudy John: Two „Nazisms“: the social context of Nazi mobilization in Marburg and Tübingen, in: Social History, 7. Band. Cambridge 1982, S. 27-42.

Koshar, Rudy John: Vereinsleben und Nazismus, Eine Analyse der Mobilisierung in Marburg a. d. L., in: Hennig, Eike [Hg.]: Hessen unterm Hakenkreuz, Studien zur Durchsetzung der NSDAP in Hessen, Frankfurt am Main 1984, S. 117-127.

Koshar, Rudy John: Social Life, Local Politics, and Nazism. Marburg, 1880-1935, Chapel Hill 1986.

Krist, Dietmar: 150 Jahre Landsmannschaft Hasso-Borussia, Eine Chronik der Landsmannschaft Hasso-Borussia zu Marburg im Coburger Convent, Marburg 2006.

Leisen, Adolf: Die Ausbreitung des völkischen Gedankens in der Studentenschaft der Weimarer Republik, Daleiden 1964.

Levsen, Sonja: Elite, Männlichkeit und Krieg. Tübinger und Cambridger Studenten 1900-1929, Göttingen 2006.

Lohalm, Uwe: Völkischer Radikalismus. Die Geschichte des Deutschvölkischen Schutz- und Trutzbundes 1919-1923, Hamburg 1970.

Lohse, W.: Unsere Burschenschaft nach der Jahrhundertwende, in: Sieber, Helmut: Festschrift zum 100. Stiftungsfest der Marburger Burschenschaft Alemannia, Arnsberg 1974.

Mann, Rosemarie: Entstehen und Entwicklung der NSDAP Marburg bis 1933, in: Hessisches Jahrbuch für Landesgeschichte, 22. Band, Marburg 1972, S. 254-342.

Matheis, Lothar: Der NS-Studentenbund in Marburg bis zum Frühjahr 1933, Diplomarbeit im Fach Politikwissenschaft, Marburg 1985.

Mohler, Armin: Die Konservative Revolution in Deutschland 1918-1932, Ein Handbuch, Darmstadt 1972.

Mosse, George L.: The crisis of German Ideology. Intellectual origins of the Third Reich, New York 1964.

Nagel, Anne Chr. [Hg.]: Die Philipps-Universität Marburg im Nationalsozialismus, Stuttgart 2000.

Paschke, Robert: Studentenhistorisches Lexikon. Aus dem Nachlaß herausgegeben und bearbeitet von Friedhelm Golücke, Köln 1999.

Peters, Stephan: Elite sein. Wie und für welche Gesellschaft sozialisiert eine studentische Korporation? Marburg 2003.

Ringer, Fritz: Das gesellschaftliche Profil der deutschen Hochschullehrerschaft 1871-1933, in: Schwabe, Klaus [Hg.]: Deutsche Hochschullehrer als Elite 1815-1945, S. 93-104.

Roegele, Otto B.: Student im Dritten Reich, in: Die deutsche Universität im Dritten Reich. Eine Vortragsreihe der Universität München, München 1966, S. 135-174.

Rürup, Miriam: Ehrensache. Jüdische Studentenverbindungen an deutschen Universitäten 1886-1937, Göttingen 2008.

Sanker: Jens-Markus: „Stahlhelm unser Zeichen, schwarz-weiß-rot das Band ..." Der Stahlhelm-Studentenring Langemarck. Hochschulpolitik in Feldgrau 1926-1935, Würzburg 2004.

Schäfer, Gerhard: Studentische Korporationen im Übergang von der Weimarer Republik zum deutschen Faschismus, in: Zeitschrift für Sozialgeschichte des 20. und 21. Jahrhunderts. (3.Jahrgang, Heft1) 1988, S. 104-129.

Seemann, Birgit-Katharine: Das Konzept der „Elite(n)". Theorie und Anwendbarkeit in der Geschichtsschreibung, in: Führer, Karl Christian/ Hagemann, Karen/ Kundrus, Birthe [Hg.]: Eliten im Wandel. Gesellschaftliche Führungsschichten im 19. und 20. Jahrhundert, Münster 2004, S. 24-41.

Seier, Hellmut: Marburg in der Weimarer Republik 1918-1933, in: Dettmering, Erhart/ Grenz, Rudolf [Hrsg.]: Marburger Geschichte, Rückblick auf die Stadtgeschichte in Einzelbeiträgen, Marburg 1980, S. 559-592.

Steinberg, Michael Stephen: Sabers and Brown Shirts. The German Students`Path to National Socialism, 1918-1935. Chicago 1973.

Stickler, Matthias: Zwischen Reich und Republik. Zur Geschichte der studentischen Verbindungen in der Weimarer Republik, in: „Der Burschen Herrlichkeit". Geschichte und Gegenwart des studentischen Korporationswesens, Historia Academica Band 36, Würzburg 1998.

Ströle-Bühler, Heike: Studentischer Antisemitismus in der Weimarer Republik. Eine Analyse der Burschenschaftlichen Blätter 1918-1933, Frankfurt am Main 1991.

Tautz, Joachim: Militaristische Jugendpolitik in der Weimarer Republik, Regensburg 1998.

Weber, R. G. S.: Die deutschen Corps im Dritten Reich, Köln 1998.

Wettmann, Andrea: Auf der Suche nach neuen Wegen? Die Philipps-Universität Marburg am Wendepunkt zwischen Kaiserreich und Weimarer Republik, in: Philipps-Universität Marburg zwischen Kaiserreich und Nationalsozialismus, S. 13-44.

Zinn, Holger: Zwischen Republik und Diktatur. Die Studentenschaft der Philipps-Universität Marburg in den Jahren 1925-1945, Köln 2002.

Zinn: In Marburg ein Student. Anmerkungen zum Marburger Studentenleben in den zwanziger Jahren des 20. Jahrhunderts, in: Philipps-Universität Marburg zwischen Kaiserreich und Nationalsozialismus, S. 217-278.

Zinn, Holger: Hochschulpolitik am Ende der Weimarer Republik am Beispiel Marburgs. Der NSDStB Marburg, sein Aufstieg und seine Bedeutung im hochschulpolitischen Spektrum bis 1933, in: Einst und Jetzt, Sonderdruck Band 54 (2009), S. 325-384.

Zirlewagen, Marc: Der Kyffhäuser-Verband der Vereine Deutscher Studenten in der Weimarer Republik, Köln 1999.

Zorn, Wolfgang: Die politische Entwicklung des deutschen Studententums 1918-1931, in: Stephenson, Kurt/ Scharff, Alexander/ Klötzer, Wolfgang [Hrsg.]: Darstellungen und Quellen zur Geschichte der deutschen Einheitsbewegung im neunzehnten und zwanzigsten Jahrhundert, Fünfter Band, Heidelberg 1965, S. 223-307.

Zeitfracht Medien GmbH
Ferdinand-Jühlke-Straße 7
99095 Erfurt, Deutschland
produktsicherheit@kolibri360.de